PROCÈS
DU CHARIVARI,

DONNÉ

à M. le baron de Talleyrand,

PRÉFET DU PAS-DE-CALAIS.

TRIBUNAL D'APPEL D'ARRAS.

CONSEILS : MM. DUPONT et LEDRU, AVOCATS DU BARREAU DE PARIS ;
LEDUCQ, AVOCAT DU BARREAU D'ARRAS.

MINISTÈRE PUBLIC : M. DE WARENGHIEN, PROCUREUR DU ROI.

ARRAS,
CHEZ G. SOUQUET, IMPRIMEUR DU PROPAGATEUR,
RUE Sᵗ.-JEAN-EN-LESTRÉE, Nᵒ 17.

JUIN 1832.

PROCÈS DU CHARIVARI

DONNÉ

à M. le baron de Talleyrand.

PRÉFET DU PAS-DE-CALAIS.

———o———

Une grande affluence de citoyens assistait aux débats de ce procès qui intéresse si vivement les habitans de la ville d'Arras et les habitans de la Préfecture.

On se rappelle que M. de Hauteclocque, ancien maire d'Arras, destitué après la révolution de juillet pour avoir été l'un des exécuteurs des ordonnances de M. de Polignac, donnait une soirée, le 26 février dernier. M. le préfet de Talleyrand fut invité à cette soirée légitimiste; il s'y rendit. Cette alliance politique d'un fonctionnaire de la révolution de juillet avec un ancien fonctionnaire que cette révolution avait justement renversé, indigna toute la ville d'Arras; un grand nombre d'habitans de toutes les classes se réunirent et décidèrent qu'une aubade charivarique serait donnée à M. de Talleyrand dès qu'il serait entré dans la maison de M. de Hauteclocque. Ce qui fut dit fut fait. Et M. de Talleyrand reçut un charivari bien ronflant, juste salaire de l'espèce de félonie qu'il avait commise envers la révolution de juillet.

Le scandale fut grand parmi les hommes du juste-milieu. Ils signalèrent les frères Letierce comme les meneurs du charivari, comme les chefs d'orchestre de ce concert inharmonieux; et les frères Letierce n'ont jamais nié qu'ils aient assisté activement à la soirée musicale donnée le 26 février, en l'honneur de M. le préfet de Talleyrand.

Il y avait déjà plus de dix minutes que le charivari était terminé, lorsqu'une patrouille passa par la rue St.-Nicolas. Pensant, on ne sait pourquoi, que le signe distinctif des charivaristes était un bonnet de coton, le chef de la patrouille arrêta trois ouvriers d'Arras, les sieurs Corbé, Daucourt et Thibaut, dit branche-d'Or, dont le seul délit flagrant était d'être porteurs de bonnets de coton ; et les citoyens, arrêtés aussi illégalement, ne furent relâchés que le lendemain !

Après avoir subi le déplaisir d'un charivari, M. de Talleyrand voulut éprouver le plaisir de la vengeance. Le commissaire de police d'Arras dressa un procès-verbal du délit charivarique, et fit une enquête.

Par suite de cette enquête, les deux frères Letierce et les sieurs Corbé, Daucourt et Thibaut dit Branche-d'Or, furent traduits en police municipale devant M. le juge-de-paix Vahé, sous la prévention de tapage injurieux et nocturne.

Malgré la défense habile et spirituelle de Me Leducq, avocat du barreau d'Arras, les cinq prévenus furent condamnés.

Voici le texte du jugement rendu par le juge-de-paix Vahé, le 23 mars.

« Considérant que par procès-verbal en date du 27 février, le commissaire de police de la ville d'Arras, a constaté que la tranquillité publique avait été troublée la veille vers neuf heures et demie du soir, et que l'asile d'un citoyen avait été l'objet de démonstrations injurieuses. »

« Considérant que le charivari a été défini par la cour régulatrice, être un bruit de nature à être assimilé au bruit et au tapage nocturne, lorsqu'il avait lieu, même à huit heures du soir en février, qu'il résulte de là et dans l'espèce actuelle, que le charivari dont est question est bien en contravention à l'article 479 n° 8 du code pénal. »

« Considérant qu'il est suffisamment établi par les dépositions des témoins entendus à l'audience du vingt mars présent mois, que les frères Letierce, ont fait partie du rassemblement qui a eu lieu le 26 février dernier, devant la porte d'un citoyen de cette ville ; qu'ils ont fait un tel bruit que le voisinage en a été troublé. »

« Considérant que les frères Letierce avouent s'être trouvés dans ce rassemblement et y avoir figuré comme acteurs. »

« Considérant que Daucourt, Corbé et Thibaut dit Branche d'Or ont été reconnus parmi les personnes qui concouraient à la confection du charivari ; et que pour ces causes les deux derniers ont été signalés par la vindicte publique à la garde accourue sur les lieux pour faire cesser le bruit et disperser le rassemblement, le troisième ayant pris la fuite. »

« Considérant que Jean-Baptiste-Désiré Letierce doit être à bon droit regardé comme le chef du rassemblement dont il a dirigé le mouvement, sa sortie de chez la veuve Dherissart, suivie de quelques individus, son entrée immédiate chez Rabache et sa sortie avec Corbé, Daucourt et Thibaut, le commencement instantané du bruit, tout prouve évidemment l'intelligence des individus. »

« Par ces motifs, après avoir entendu le ministère public dans son dit réquisitoire ; vu les dispositions des articles 479 et 480 du code pénal ; »

« Le tribunal condamne François-Henri Letierce, Arsène Corbet, Auguste Tibaut dit *Branche-d'Or*, et Auguste Daucourt, en chacun 11 francs d'amende; condamne Jean-Baptiste Letierce en 12 francs d'amende et deux jours d'emprisonnement. »

Après cette condamnation, M. le juge-de-paix leva l'audience et rentra bientôt sans costume. M. Letierce aîné, s'adressant à M. Vahé : Je demande, Monsieur, qu'il soit constaté que nous n'avons pas été condamnés aux dépens.

M. *Vahé* : J'ai oublié de prononcer sur les dépens; mais je vais ajouter cette condamnation sur la feuille.

M. Letierce aîné : Alors je m'inscris en faux.

M. *Vahé* : Vous voulez donc que ce soit moi qui les paie?

M. Letierce : Les paira qui voudra.

Les prévenus interjetèrent appel de cette sentence. Me Dupont et Ledru, avocats du barreau de Paris, sont venus joindre leurs efforts aux efforts de Me Leducq, avocat d'Arras, pour faire triompher la cause populaire et constitutionnelle du charivari.

A l'audience de ce jour, Me Leducq commence par exposer, en peu de mots, l'état de l'affaire, et cède ensuite la parole à Me Dupont, qui prononce la plaidoirie suivante :

Vous savez, Messieurs, que nous sommes appelans devant vous d'un jugement de police municipale qui a condamné à l'amende et même à la prison cinq citoyens d'Arras dont le crime est d'avoir *confectionné* ou *concouru à confectionner* un charivari; ce sont les expressions semi-musicales, semi-industriels du langage judiciaire de M. le juge-de-paix.

Je m'étonne que nous ayons seuls interjeté appel de ce jugement; je croyais que M. le juge-de-paix serait à nos côtés. Vous savez, Messieurs, que, par une étourderie que nous ne saurions lui reprocher sans ingratitude, il s'est condamné lui-même aux dépens. Je m'étais imaginé qu'il aurait appelé lui-même de sa propre sentence. Toutefois, nous tâcherons de prouver qu'il a bien et très bien fait de se condamner aux dépens, il a mal et très mal fait de condamner les prévenus à l'amende et à la prison.

Avant d'aborder le fonds de ce procès, permettez-moi de vous signaler dans les annales de la justice humaine un de ces contrastes frappans, qui déconcertent l'observateur le plus impartial, le plus froid, le plus philosophe.

Les vieux Lacédémoniens, vous le savez, n'avaient qu'une musique grossière que les oreilles d'un dilettant, préfet ou agent de police, prendraient de nos jours pour un véritable charivari. Leur musique était aussi délicieuse que leur brouet noir.

Un musicien de la molle Ionie, Timothée, après avoir charmé de ses accords harmonieux les oreilles du peuple d'Athènes, se rend à Lacédémone avec sa cithare de onze cordes.

Vous croyez peut-être que les citoyens de Sparte furent enchantés de cette mélodie nouvelle. Nullement, les vieux Lacédémoniens pensaient, comme Platon, que toucher aux lois de la musique nationale, c'était ébranler les lois fondamentales du gouvernement. On accusa Timothée d'avoir par la variété et la perfection de ses chants, blessé la majesté de l'ancienne musique de Sparte et même d'avoir offensé la morale publique ; les Ephores le condamnèrent à une peine sévère et ils lui enjoignirent de retrancher quatre cordes de sa lyre.

Ainsi, voilà un peuple antique et sage qui punit un étranger parce qu'il est habile musicien ! qui proscrit une lyre dont le seul crime est d'être un instrument plus harmonieux que les cornets à bouquin de Lacédémone !

Et de nos jours on condamne cinq citoyens à la prison et à l'amende parce que leurs instrumens de musique ont cette grossièreté primitive et morale qui plaisait tant aux magistrats de Sparte !

A Lacédémone, on proscrit une musique trop mélodieuse comme une syrène qui séduit et amollit les hommes. A Arras, lorsque des citoyens veulent raviver l'harmonie si morale de Lacédémone, et rendre à la musique le caractère un peu âpre d'un enseignement politique, un juge-de-paix, qui peut-être n'a jamais réfléchi à l'influence de la musique sur la morale d'une nation, les condamne à la prison et à l'amende !

Que diraient les Ephores s'ils vivaient de nos jours !... Je pourrais en évoquant les mânes sévères des anciens de Sparte, débiter ici une prosopopée très éloquente, mais je vous en fais grâce, et je me contente de vous signaler ce contraste.

Quand je lus ce jugement pour la première fois, je ne pus m'expliquer, Messieurs, la gravité de la peine. Deux jours de prison ! Toutefois, en réfléchissant bien, je me suis rappelé que jadis les antiques cornets à bouquin de Josué firent tomber dans la poussière les murailles de Jéricho. M. le juge-de-paix aurait-il craint par hasard que les cornets à bouquin, les chaudrons et les casseroles modernes ne fissent écrouler les murs de la préfecture ? Une condamnation si sévère aurait-elle donc été prononcée dans l'intérêt simultané de M. de Talleyrand et de la grande voirie ?

Mais est-il donc certain que les artistes populaires, si impitoyablement condamnés par M. le juge-de-paix, aient voulu *confectionner* un charivari ? Est-on bien sûr que ce ne fût pas une sérénade qu'ils ont voulu donner à M. de Talleyrand ?

Je pourrais raisonner dans les deux hypothèses. Si je n'étais persuadé que c'est une sérénade que l'on a voulu donner à M. de Talleyrand, il ne me serait pas difficile de vous prouver que le charivari politique n'est qu'un mode plus ou moins musical d'exprimer une censure, un blâme que l'on aurait le droit incontestable d'exprimer par un tout autre mode de publication.

Pour mieux faire comprendre ma pensée, je vais vous soumettre une comparaison :

Siffler un acteur est-ce l'insulter? Non, c'est critiquer son talent, c'est blâmer son jeu. Le sifflet théâtral n'a jamais été le principe d'une action en diffamation. Ainsi, supposons que dans l'*Avare* de Molière, il y ait un Harpagon qui, par son jeu, semble plus avare que ces avares ordinaires que l'on rencontre dans la foule des hommes : cet acteur a peut-être rencontré dans ses observations un Harpagon typique, le prototype de tous les Harpagons passés, présens et futurs. Le public ne croira pas moins que l'acteur outre son rôle et dépasse les limites que la nature semble avoir posées à l'avarice : on sifflera l'acteur,... oui, mais on ne l'injuriera pas. Le sifflet est donc une manière légale d'exprimer son opinion, de publier un blâme, une critique.

Ceci posé, le monde n'est-t-il pas un théâtre où les peuples jouent de tems en tems des drames grands et sublimes, où les princes, ducs, rois, czars ou empereurs jouent presque tous les jours les farces les plus ignobles et souvent les plus sanglantes. Mais le plus souvent dans ces scènes politiques, le peuple n'est que spectateur, mais spectateur payant.... Il paie, il a le droit d'applaudir ou de siffler. S'il voit ce qui se passe sur la scène, il sait aussi quelquefois ce qui se passe derrière le théâtre, il sait que dans les coulisses royales ou ministérielles, il n'y a pas souvent plus de vertu que dans les coulisses de l'Opéra. Il siffle alors ou donne des charivaris. Et certes il en a bien le droit à moins que les grands funambules des théâtres politiques n'osent prétendre hautement qu'une nation n'est qu'une troupe ignoble de claqueurs.

Supposons un instant qu'il y ait eu un charivari et supposons le charivari coupable ; je conçois que l'on ait pu condamner les deux frères Letierce ; ils ont avoué en effet qu'ils avaient assisté à cette scène musicale dont j'examinerai tout à l'heure le caractère.

Mais les trois autres prévenus, savez-vous pourquoi ils ont été arrêtés et condamnés? Ils ont été arrêtés parce qu'ils avaient des bonnets de coton. Ils ont été condamnés parce qu'ils avaient des bonnets de coton.

Le fait semble incroyable ; le juste-milieu peut bien être ennemi des bonnets rouges ; mais des bonnets de coton ! quoi de plus innocent qu'un bonnet de coton ! quelle coiffure ressemble plus au panache dégénéré de Henri IV?

Arrêter des citoyens par la seule raison qu'ils portent des bonnets de coton !.... mais c'est la loi des suspects appliqués aux bonnets de coton! Bientôt les bonnets de coton seront suspects d'être suspects !....

Messieurs, je vous ai déjà exprimé des doutes sur la question de savoir si la scène de février dernier était un charivari ou bien une sérénade?

Mais je pense avec conviction que c'est une sérénade. Je vais essayer de vous le prouver à l'aide d'une argumentation logique et musicale, et dans tous les cas si ma logique n'était pas assez serrée pour vous prouver la sérénade, au moins je suis sûr de vous faire douter du charivari : et sans doute vous savez, Messieurs, que dans le doute le devoir du juge est de s'abstenir de toute condamnation.

Ne croyez pas, Messieurs, qu'il soit si facile de discerner le charivari de l'aubade. Il est des esprits très profonds qui les ont confondus, et je vous demanderai la permission de vous citer un exemple récent de cette confusion : M. Thiers a reçu dans la ville d'Aix le charivari le mieux *confectionné* qui ait jamais retenti aux oreilles d'un député du juste-milieu. Il n'y avait pas à s'y méprendre.... Eh bien! M. Thiers s'y est mépris! De la ville d'Aix il a écrit à ses amis de Paris que l'affection et l'admiration de ses concitoyens lui avaient décerné l'ovation d'une brillante sérénade. Je n'ai pas vu la lettre, mais le fait m'a été attesté par plusieurs personnes qui se disent les amis de M. Thiers. De plus, l'histoire a été racontée dans les journaux, et il n'est plus permis de douter de son authenticité.

Revenons à la sérénade de M. de Talleyrand.

Une simple considération politique et morale va vous faire comprendre que le prétendu charivari n'était et ne pouvait être qu'une aubade.

Vous savez qu'un des premiers ministres de la révolution de juillet a proclamé, à la tribune nationale, comme maxime d'état que le gouvernement devait être nécessairement impopulaire. Comme corollaire de cette maxime, il est une autre maxime, c'est que les hommes impopulaires sont les véritables hommes d'état et doivent être des hommes du gouvernement. Dès-lors, plus un homme est impopulaire, plus il avance dans la science de gouverner, et plus il avance aussi dans les bonnes grâces et dans les faveurs du ministère. Cette profonde maxime de nos grands doctrinaires a été largement appliquée depuis dix-huit mois. Un homme est-il impopulaire dans un département? on le nomme chevalier de la légion-d'honneur, s'il est chevalier, on le nomme officier, puis commandeur; s'il est sous-préfet, on le nomme préfet, s'il est préfet, on se dispose à le nommer pair de France.

Ceci posé, un charivari donné à M. de Talleyrand aurait prouvé que ce préfet devenait de plus en plus impopulaire. Comme M. de Talleyrand est commandeur de la légion-d'honneur, comme il est préfet, un charivari aurait eu pour résultat nécessaire de le faire nommer pair de France.... Et nous lui aurions donné un charivari! Non, certes; nous sommes les ennemis de M. de Talleyrand, songez-y donc, et nous ne pouvons vouloir son avancement; donc nous ne lui avons pas *confectionné* un charivari.

Au contraire, nous avons donné à M. de Talleyrand une sérénade... justement parce que nous sommes ses ennemis politiques,
Nous avions voulu faire croire qu'il devenait populaire et c'était
un moyen fort ingénieux de le faire destituer. Aussi, M. de Talleyrand, en fin diplomate, a senti le coup : aussi s'est-il empressé
de jeter les hauts cris, de se plaindre partout, et de convertir une
aubade en un charivari. Aussi il est resté préfet, et il sera pair de
France à la prochaine fournée.

Cette démonstration morale et politique, cette argumentation
profonde et diplomatique suffirait pour prouver la réalité de la
sérénade.

Mais je m'attends aux objections. Quoi! dira-t-on, est-il d'u-
sage de donner des sérénades avec des chaudrons, des casseroles,
des pincettes, des cornets à bouquin? Ces instrumens ne prouvent-ils pas évidemment qu'il y avait un complot charivarique?

L'objection est plus spécieuse que difficile à réfuter. Et je m'en-
gage à vous démontrer que ni le choix des intrumens, ni les sons
discordans de ces instrumens ne peuvent prouver judiciairement
un crime de charivari. Je vous prie, Messieurs, de me prêter ici
toute votre attention et toute votre bienveillance.

Pour peu que l'on ait étudié la marche des sciences et des arts,
on sait qu'ils ne sont pas arrivés tout d'un trait à l'état de perfection où nous les admirons de nos jours. Ils ont marché peu à peu
dans la voie du progrès. La musique n'a pas eu une marche ex-
ceptionnelle.

Il y a un intervalle immense entre les cornets à bouquin de
Josué ou de Gédéon et la flûte de Tulou.

Il y a un pas immense des chants de Rébecca aux chants de Mᵐᵉ
Damoreau-Cinti ou de Mad. Pasta.

Il y a un pas immense des accords du Dieu Pan aux accords du
Dieu Rossini.

Le travail et le génie de l'homme ont comblé ces intervalles par
des progrès insensibles mais continus. L'art a marché par des
progrès de deux ordres différens, par habileté toujours croissante
des instrumentistes, et par la perfection toujours croissante des
instrumens.

Mais parce que dans un pays un nombre plus ou moins considé-
rable de citoyens ait acquis une habileté musicale plus ou moins
parfaite, ce n'est pas une raison pour que tous les citoyens doivent être nécessairement d'habiles musiciens sous peine de prison
et d'amende. Il en est de l'art musical comme des lumières : il se
trouve, comme elles, réparti très inégalement sur la surface du
territoire. S'il est des provinces très éclairées et très musicales,
il en est aussi qui sont encore dans la barbarie musicale et philosophique. M. Charles Dupin a dressé une carte intellectuelle des
départemens de France ; il a noirci tous les départemens où l'on

n'a pas voulu l'élire lui ou ses amis. Si de concert avec M. de Talleyrand, il dressait une carte musicale de la France, il pourrait couvrir le département du Pas-de-Calais d'un triple extrait d'encre de Chine. Cela prouverait que le département serait peu musical, en dépit de la société philarmonique d'Arras, mais non que le Pas-de-Calais soit un département charivarique.

Cet aperçu général commence déjà à vous faire sentir quel l'inhabileté musicale ne saurait entrer comme élément dans l'appréciation du crime de charivari ; que cette inhabileté, qui peut être la cause unique des sons discordans d'une sérénade éminemment populaire, ne saurait être condamnée comme coupable. C'est le premier point de ma thèse.

Examinons maintenant les instrumens qui, dit-on, ont composé l'orchestre charivarisant des prévenus. Apprécions impartialement la valeur musicale et harmonique d'un chaudron, d'une pincette et d'une casserole.

Pourquoi ces instrumens seraient-ils donc coupables ? En les jugeant d'un œil philosophique, ce sont des instrumens de cuivre, des instrumens de percussion. Rossini les a remis en vogue dans la musique moderne, et de nos jours il n'est si mince opéra qui n'ait plusieurs morceaux avec accompagnement de grosse caisse, tymbales, cymbales, triangles, etc. A-t-on jamais prétendu que ces opéras fussent des charivaris ?

Ensuite il faut se rappeler que les instrumens de musique ont subi des perfectionnemens continuels depuis l'enfance de l'art. Il ne faut pas oublier non plus que dans le même pays tous les degrés du progrès dans les arts se trouvent à côté l'un de l'autre et que, par une conséquence nécessaire, tous les instrumens, depuis le moins parfait jusqu'au plus mélodieux, doivent se trouver pêle-mêle dans les mains de la population. En partant de cette idée philosophiquement combinée, nos instrumens sont des instrumens de percussion moins parfaits que ceux des orchestres de Rossini, mais ce sont absolument les mêmes instrumens.

Ainsi le chaudron est un tamtam à l'état de barbarie, et même si vous consultiez un chef d'orchestre il vous dirait naïvement que les tamtams fabriqués en France ne sont encore que de véritables chaudrons.

Les pincettes sont le rudiment du triangle.

Les cornets à bouquin sont les premiers modèles de tous les instrumens à vent.

Les casseroles sont les archétypes de tymbales.

Les couvercles de casseroles sont des cymbales à l'état de fœtus musical.

Mais pourquoi, nous dira-t-on d'une voix sévère, ne vous êtes vous servi que de pareils instrumens ?... Pourquoi ? parce que ces artistes populaires en sont encore à l'état primitif de l'art musical.

Ne sait-on pas que tous les peuples, dans l'enfance de leur musique, se servent exclusivement des instrumens de percussion, tels que le Goura, le Jounijousm, le Raboukin. Les Turcs et les Chinois ne sont pas très avancés en musique; aussi le tamtam, les timbales, les cimbales et les triangles sont presque les seuls instrumens de leurs orchestres. Dans l'enfance du monde, Tubal-Caïn inventa en même tems l'art de forger les métaux et de jouer des instrumens de cuivre, c'est la Genèse qui nous l'a dit. L'écriture sainte qui parlait à des hommes encore assez grossiers, ne leur dit-elle pas de louer Dieu *in sono tubæ?* le psalmiste ne s'écrie-t-il pas avec un enthousiasme religieux et musical : *laudate Deum in cymbalis bene sonantibus ?...* Certes, le psalmiste n'ordonnait pas de donner un charivari à Jehova !

Vous devez sentir maintenant que les espèces d'instrumens que la police prétend avoir vus dans les mains des artistes prévenus, ne peuvent non plus servir à prouver judiciairement un charavari.

C'est le second point de ma thèse.

Mais maintenant la démonstration va être poussée jusques à l'évidence.

Supposez pour un moment qu'il soit incontestable que les prévenus aient voulu donner une sérénade à M. Talleyrand. Supposez qu'ils aient emporté avec eux la musique la plus harmonieusement écrite : supposez qu'ils se soient procuré des violons de Stradivarius ou de Guarnerius, des basses d'Almati, des flûtes de Godfroy, des trompettes, des cors, des trombonnes de l'Abbaye ou d'Alrich... Croyez-vous qu'avec tous ces matériaux d'harmonie ils auraient exécuté une musique mélodieuse? évidemment non; et si on mettait leur bonne intention de côté, il est certain que l'on aurait pris leur aubade pour un charivari.

Mais qui donc accuserez-vous de ce charivari apparent?

La musique? non, elle est mélodieuse.

Les instrumens? non, ils sont parfaits.

Les intentions de ces instrumens? non, elles sont bonnes, car elles sont ministérielles.

Qui donc accusez-vous? l'inhabileté des artistes; oui, elle est seule coupable; mais l'inhabileté en musique n'est pas encore prévue par le code pénal.

Changez complètement la position des choses, l'argument sera le même.

Confiez des chaudrons, des casseroles, des pincettes, des clefs forées, des cornets à bouquin, aux mains d'artistes habiles; ces artistes auront bientôt formé avec ces instrumens un orchestre harmonieux. Leur art, en effet, leur indiquerait un procédé fort simple; pour ne citer qu'un exemple, ils échelonneraient des casseroles de la plus grave à la plus aigue; ils formeraient une gamme très juste et pourraient tirer de ces instrumens les plus douces mélodies. Le carillon et l'harmonica en sont la démonstration évidente. Rien n'empêcherait d'habiles artistes de jouer des variations sur le chaudron et d'embellir le thème musical de toutes ces fioritures qui plaisent tant aux dilettanti modernes. Paganini joue les airs les plus difficiles sur une seule corde de son violon; je ne doute pas qu'un nouveau Paganini ne pût jouer toute une mélodie sur une seule casserole!

Il me semble, Messieurs, que ma thèse se prouve de plus en plus, vous comprenez maintenant que ni les instrumens, ni les sons discordans ne prouvent essentiellement ni le charivari, ni l'intention charivarique; ils ne prouvent que l'habileté des symphonistes.

Votre conviction est ébranlée. Il faut maintenant que vos doutes disparaissent. Des exemples vont achever d'édifier complètement vos consciences.

Ne croyez pas que les casseroles et les chaudrons soient bannis de l'art musical. Ils jouent un grand rôle dans un ballet moderne, le ballet de *la Sylphide*; là il est un chœur de sorcières où ces aimables musiciennes accompagnent harmonieusement l'orchestre avec des chaudrons et des casseroles. Dans les *Filets de Vulcain* l'enclume et le marteau deviennent mélodieux dans les mains des Cyclopes. Méhul, dans l'opéra de *Joseph*, fait résonner la *tuba curva* des anciens, véritable cornet à bouquin. Enfin une des plus belles symphonies d'Haydn a été composée pour être exécutée sur des mirlitons!

Mais ce n'est pas tout encore; je dois terminer par un exemple accablant.

Croiriez-vous que l'on peut donner un concert royal avec des chats? le fait est vrai pourtant et historique. Dans une des fêtes royales qui célébra l'une des entrées de Louis XI dans sa bonne ville de Paris, un musicien lui donna un concert original. Il avait renfermé plusieurs chats dans une cage à compartimens; il avait bien étudié la voix de ses nouveaux choristes et les avait distribuées de la plus grave à la plus aiguë, de manière à former une gamme parfaite. Quand le cortége du roi vint à passer, le chef d'orchestre se mit à tirer les chats par la queue et les fit miauler en différens sons. Ces miauleries formèrent des symphonies qui plurent beaucoup au roi et à ses courtisans, messires Olivier-le-daim et Tristan. On dit même que le roi redemanda un air national de ce tems-là, que les chats avaient supérieurement exécuté.

Si l'on avait donné un pareil concert à M. Talleyrand, il n'aurait pas manqué de se fâcher, surtout si les chats avaient exécuté des chants nationaux comme la *Marseillaise* ou le *Réveil du Peuple*? M. Talleyrand est-il donc plus despote en musique que le roi

Louis XI ? M. Durand, le commissaire de police, est-il donc plus tyran que M. Olivier-le-daim ou M. Tristan?... ou bien M. Talleyrand est-il seulement plus difficile parce qu'il est plus connaisseur en exécution musicale?... cela peut être.... Il a si long-tems habité l'Italie, cette patrie des chants harmonieux! il a si long-tems respiré l'air mélodieux de Naples!

Mais que prouvent philosophiquement tous ces exemples que je viens de citer?

Qu'il n'est pas d'instrument musical que l'on puisse proscrire comme un instrument essentiellement charivarique, puisque tous peuvent rendre des sons harmonieux.

Si chacun de ces instrumens est innocent en lui-même, les sons discordans qu'ils peuvent rendre prouvent-ils le charivari? Non, ils prouvent seulement l'inhabileté des instrumentistes. Pour que des sons discordans établissent la preuve d'un charivari, il faudrait prouver que les instrumentistes sont de bons musiciens et ont, à mauvais dessein, tiré des sons inharmonieux de leurs instrumens.

Alors le procès se réduit à une question d'intention, et à une expertise d'habileté musicale. Mais qui donc a prouvé à M. le juge-de-paix que les artistes prévenus aient jamais appris la mu-que? Qui lui a dit que c'était méchamment et à dessein de nuire aux oreilles presque italiennes de M. de Talleyrand, que le concert du mois de février a été prémédité? Qui lui a dit que ces artistes pouvaient faire mieux que ce qu'ils ont fait? Comment donc M. le juge-de-paix a-t-il pu prendre sur lui de les condamner en présence de l'incertitude et du doute que la question intentionnelle laisse nécessairement planer sur toute cette cause.

Qui peut lire les intentions au fond des cœurs? Qui peut sonder la pensée d'un chaudron ou la conscience d'une casserole?

Pour un tel jugement il n'est pas de juge compétent sur la terre; renvoyez-nous au jugement dernier avec ce charivari ou cette aubade sur la conscience; c'est dans la grande vallée de Josaphat que l'on saura la vérité sur la scène musicale du mois de février.

Ainsi, Messieurs, s'il n'est pas évident que les artistes prévenus ont donné une sérénade à M. de Talleyrand, il est au moins douteux qu'ils lui aient donné un charivari.

Et pourquoi, Messieurs, aurions-nous donné un charivari à M. Talleyrand? Les prévenus ne sont pas, je le sais, de la même opinion politique que M. le préfet. Mais cette différence ne saurait suffire pour les pousser jusqu'à une opposition charivarique. Que pourraient-ils, en effet, reprocher à M. de Talleyrand? Je sais qu'il y a des méchans qui ne cessent d'accuser son passé, son présent et même son avenir; mais il a pour lui l'opinion publique... de tous les employés du département, l'amitié du commissaire de police d'Arras et l'estime de M. de Montalivet, et cela doit bien suffire à sa conscience.

Je le demande encore, que pourrait-on reprocher à M. de Talleyrand? d'avoir trop long-tems habité à l'étranger, d'avoir porté l'uniforme napolitain? vétille que tout cela, depuis que l'on sait qu'émigrer n'est pas déserter! Il suffit de s'entendre sur les mots.

D'avoir porté les armes contre la France? mais quel mal l'épée de M. Talleyrand a-t-elle jamais fait à sa patrie... et d'ailleurs où était donc la France depuis 92 jusqu'en 1814? Vous croyez peut-être qu'elle était toujours située à la même place entre les Alpes et les Pyrénées, entre la Manche et la Méditerrannée? Erreur, Messieurs, depuis 1827, depuis le ministère de M. Portalis, ne savons-nous pas que la France était là où était le roi légitime? C'est ce que ce grand ministre a révélé à la France ignorante en parodiant à la tribune ce vers que Corneille met dans la bouche d'un guerrier romain :

Rome n'est plus dans Rome, elle est toute où je suis.

D'avoir été nommé officier de la légion-d'honneur en février 1816? mais il prétend, lui, que c'est en février 1815. Je sais bien qu'il se trompe un peu, mais allez-vous le chicaner sur une différence d'une année et grand Dieu! qu'est-ce donc qu'une année dans l'immensité des siècles! Vous voulez disputer sur une année en présence de l'éternité! *Vanitas vanitatum!..*

D'avoir brûlé le drapeau tricolore en 1816? Mais M. d'Argout en a fait tout autant, et ce fut par pur patriotisme. C'est du moins ce que M. d'Argout a fait plaider par son avocat dans le procès qu'il intenta au poète Barthélémy. Napoléon n'était-il pas un usurpateur, un despote, un tyran, un Corse? Le drapeau tricolore n'était-il pas le drapeau du despotime? Telle est l'explication de M. d'Argout, et M. d'Argout est ministre du roi-citoyen! M. Talleyrand n'a donc brûlé que l'étendard de l'arbitraire, et de l'usurpation.... Son amour pour la liberté l'a bien prouvé depuis!..

D'être resté préfet après la révolution de juillet? qui peut lui reprocher d'avoir bien voulu mettre encore ses talens administratifs au service de son pays?..... Ceux qui envient sa place, évidemment.

Peut-être aussi est-il resté préfet par amour de la vie? Une fois que l'on a été fonctionnaire public, une fois que l'on a touché un traitement de l'état, une fois que l'on s'est assis au grand festin du budget, on s'attache au budget comme à sa propriété, on l'aime, on le chérit, on l'adore, et l'on s'écrie avec le plus fameux de nos maréchaux : M'arracher mon traitement, c'est m'arracher la vie!

D'avoir assisté à la soirée de M. de Hauteclocque ? mais c'était par pure amitié ; l'amitié peut-elle être un crime politique aux yeux d'un peuple aussi généreux que le peuple Français, d'un peuple destiné par la nature à admirer sincèrement toutes les vertus sociales des administrateurs qui posent devant lui. Devenons-nous des barbares ?

Et que reproche-t-on à M. Hauteclocque ? d'avoir été un homme de génie et voilà tout ! Dans ses prévisions politiques M. Hauteclocque s'était dit : une révolution ne rendra le peuple ni plus heureux, ni plus libre ; au contraire. Il faut donc s'opposer à une révolution. Dans l'intérêt du peuple, M. Hauteclocque s'est fait l'homme de M. de Polignac. M. Hauteclocque avait raison ; depuis la révolution de juillet la France n'est ni plus libre ni plus glorieuse, et même la France est plus malheureuse. D'après les événemens qui se sont succédés depuis dix-huit mois , M. Hauteclocque me paraît un homme de génie , et je m'écrierais volontiers avec M. Talleyrand :

L'amitié d'un grand homme est un bienfait des Dieux .

Ainsi, vous le voyez, Messieurs, à tous les raisonnemens de théorie musicale que je vous ai soumis, vient se joindre cette haute considération : les habitans d'Arras n'avaient aucun motif politique de donner un charivari à M. de Talleyrand.

Ainsi, vous jugerez, Messieurs, qu'il n'est pas constant que les artistes poursuivis devant vous, aient voulu donner un charivari au préfet : par ce jugement équitable , vous saurez protéger à-la-fois l'amour-propre de M. le préfet, et la liberté et la bourse des prévenus.

Dans tous les cas, si vous jugiez , Messieurs , que les prévenus sont coupables de charivari , je ne doute pas que vous n'affaiblissiez la peine.

N'existe-t-il pas dans cette cause des circonstances qui atténuent le délit en atténuant le préjudice causé à la popularité de M. de Talleyrand ?

Si le charivari a achevé de dépopulariser M. de Talleyrand, ne l'a-t-il pas en quelque sorte cloué à la préfecture du Pas-de-Calais ? M. le préfet n'est-il pas maintenant assez impopulaire pour n'avoir plus à craindre aucune destitution ?

Ce charivari ne lui a-t-il pas en quelque sorte ouvert les portes du Luxembourg ?

Et si la Doctrine persiste avec bonheur dans ses maximes d'impopularité gouvernementale , qui sait si ce charivari n'aura pas ouvert à M. de Talleyrand les portes même du Panthéon ?

Enfin , ce charivari n'a-t-il pas dû raccommoder M. de Talleyrand avec ses anciens amis politiques , sous quelque ciel qu'ils respirent, en leur prouvant qu'il est resté digne d'eux ?

Ce sont là, Messieurs, des circonstances atténuantes, éminemment atténuantes et qui doivent militer en faveur des prévenus.

Mais, Messieurs, vous ne condamnerez pas les artistes qui sont au pied de votre tribunal, l'intérêt du pays vous le défend. Je vous conjure de ne pas faire croire à l'Europe qu'il y a en France un charivari de plus; il me semble qu'il y en a bien assez, et je vous conjure encore de les absoudre au nom de la royauté de Louis-Philippe. Vous avez remarqué dans l'histoire que chaque époque se distingue aux yeux des contemporains et de la postérité par un caractère politique et musical bien tranché. Ainsi sous l'ancien régime c'était une monarchie de lettres de cachets et de chansons; sous la république, nous avons eu le règne glorieux de la Marseillaise; la monarchie de Napoléon fut une monarchie de gloire, de tambour et de clairon; la monarchie de Charles X, fut une monarchie de lutrin et de plain-chant; voulez-vous que l'on dise: la monarchie républicaine de Louis-Philippe n'est qu'une république de pain béni et une monarchie de charivari?

Ce discours a été suivi de marques d'approbation unanimes. Il avait constamment excité dans l'auditoire ces sourires qui prouvaient que les assistans comprenaient l'amère ironie de cette plaidoirie.

M⁶ Leducq, prend la parole.

Messieurs,

Nous devons l'avouer avec l'accent d'une amère conviction, notre brillante révolution n'a pas corrigé les hommes d'état: le système administratif a conservé tous ses caractères de restauration. Le glorieux réveil du peuple nous promit un âge d'or, et, vierge inféconde, la révolution de juillet avorta du fœtus de la liberté.

Rien n'a changé qu'un nom. Comme sous la dégradante légitimité, les fonctionnaires sont encore avides de louanges, ennemis de censure. Administrer, c'est toujours avoir droit de tout vouloir, de tout faire. Le bon plaisir est toujours dans la manche de l'habit brodé. Comme par le passé, on méprise l'opinion publique, on s'ingénie à froisser les idées du siècle. On cherche l'impopularité comme un degré pour s'élever aux honneurs. La critique du peuple vaut des cordons à la félonie qui la provoque à dessein..... et l'ingrate s'irrite contre son propre ouvrage: mépriser et poursuivre le peuple n'est-ce pas un titre de plus à sa confiance!

Telles sont, Messieurs, les tristes pensées que réveille la cause qui vous est soumise et qui font saigner le cœur de tout patriote.

Un avocat éloquent, M⁶ Dupont, décochant les traits acérés d'une ironie pénétrante, a prouvé que le sarcasme est, pour un homme habile, un levier puissant qui fait jouer les ressorts d'une logique irrésistible. Il a créé une théorie des sons, un traité de musique légale qui resteront comme des modèles du genre. Il a prouvé que les sons par eux-mêmes ne peuvent établir la preuve du charivari.

Tout en admettant les principes qu'il a développés, je suppose, moi, je reconnais, s'il le faut, l'existence du charivari, et j'en soutiens la légalité,

D'abord, j'écarte toute idée de censure de la vie privée du fonctionnaire. Les secrets domestiques n'intéressent que la famille et jamais la nation : j'en proclame l'inviolabilité.

Dans la cause, le fait est nettement précisé par les débats de première instance. C'est le *préfet* Talleyrand qu'on a voulu charivariser et qu'on a charivarisé. Ses antécédens politiques, révélés par la presse, ont amoncelé sur sa tête un orage que son alliance supposée avec l'opinion légitimiste a fait éclater. Il n'a été charivarisé le 26 février dernier, que comme sympatisant avec le droit divin. C'est là un fait que, de bonne foi, personne ne pourrait contester.

Le charivari, d'après toutes les circonstances qui l'ont précédé et fait naître, n'a été, bien évidemment, que la manifestation d'une opinion politique.

En France, le droit de penser est à l'égal du droit de respirer : là, en effet, est la vie de l'homme moral. Du droit de la pensée découle celui de juger.

Or juger, c'est critiquer, comme approuver. Ainsi les journaux de l'opposition et les feuilles ministérielles sont également dans la légalité. Eh bien, le charivari c'est l'opposition ; l'aubade c'est le juste-milieu.

Le droit de publication de la pensée n'a pas plus de limites que la pensée elle-même. Les modes de son exercice sont indéfinis. L'esprit inventif des hommes a découvert la caricature et le charivari, comme moyens de censure politique. La France en use largement, elle est dans son droit. Si la Charte est une vérité, elle dit, art. 7, que les Français ont le droit de *publier* et d'exprimer leurs opinions conformément aux lois.

Le charivari politique est-il dans le sens de l'art. 479 du code pénal, un bruit injurieux ? Non, il n'est rien qu'une improbation, et j'ai déjà démontré que la critique est une conséquence nécessaire du droit de la pensée. Celui qui use de son droit ne nuit à personne. Et d'ailleurs, les caractères de l'injure ne sont-ils pas précisés ? l'art. 13 de la loi de 1819 ne la définit-il pas par ces mots : *terme* de mépris, *expression* outrageante, *invective*. L'injure ne peut donc être qu'un son articulé, ayant un sens grammatical, exprimant une pensée : ceci posé, je me demande comment des chaudrons, des crécelles et des tourtières, quelque perfectionnés qu'ils fussent, pourraient exprimer une injure. Lafontaine fit,

Il est vrai, parler les pots, mais le peuple n'a pas le même talent.
Disons-le donc avec le bon sens et la loi, le son d'un chaudron,
celui même de toute une batterie de cuisine ne sauraient jamais
être injurieux. Ce n'est pas la susceptibilité d'un fonctionnaire
qui se fâche, c'est l'expression, c'est le terme qui constitue l'injure.

Mais, dira-t-on, dans l'espèce, le charivari est au moins un
bruit nocturne et cela suffit d'après l'art. 479. Je réponds d'abord:
qu'est-ce qu'un bruit? est-ce autre chose qu'un assemblage de
sons, abstraction faite de l'accord ou de la discordance? L'aubade
est-elle moins un bruit, fait-elle moins de tapage que le charivari?
Quel chaudron oserait lutter contre la grosse caisse? Pourquoi
dès lors tant de bienveillance pour la sérénade, tant de rigueur
contre le charivari?

Mais, les hommes d'état ouvrent les narines à l'encens des flat-
teurs; ils ferment l'oreille aux conseils du peuple.

Le charivari du 26 février est-il un bruit nocturne? La négative
n'est pas douteuse. Par l'article 479 précité, le législateur a voulu
garantir aux citoyens un repos paisible. Le sommeil doit être respecté. Ce que la loi défend c'est le bruit qui trouble le sommeil.
Si le bruit nocturne punissable était celui qui se manifeste dès que
l'astre du jour disparait de l'horison, il y aurait contravention en
décembre à quatre heures après-midi ce qui serait absurde puisqu'à cette époque du jour la circulation, la vie industrielle sont
dans toute leur activité. La question de savoir si un bruit est nocturne et s'il trouble la tranquillité, n'est qu'une question de fait dont
la solution dépend des mœurs, des usages de la cité. Quelle est
l'heure du repos, tel est le seul point à discuter? A Arras, les habitans ne se livrent pas au repos avant 10 heures du soir et c'est
pour cette raison que de tems immémorial le son de la cloche
du repos invite à dix heures et quart la cité au sommeil. Alors
seulement peut avoir lieu le bruit nocturne *troublant la tranquil-
lité*. Le charivari était consommé à neuf heures 1|2; il n'a pas de
caractère illégal. C'est à dessein que les amateurs ont fait entendre leur musique avant la retraite. Il ont voulu rester dans la légalité. Il ont respecté le sommeil de leurs concitoyens et la meilleure preuve qu'on peut en offrir c'est l'absence de toute plainte.

J'ai démontré la légalité du charivari politique, j'ai établi qu'il
n'est pour le peuple, qu'un mode de publication de ses opinions:
qu'il n'est qu'une improbation, une censure du fonctionnaire, et
cette partie de ma discussion me paraît empreinte du cachet de
l'évidence.

J'ai, ce me semble, prouvé que le bruit n'a pas troublé la tranquillité des habitans et qu'ainsi la contravention est imaginaire.
Maintenant je m'élève contre le jugement: je suppose, par hypothèse, le fait de la contravention, et je dis que la sentence est in-
juste 1° en ce qu'elle condamne M. Letierce aîné à deux jours de

prison ; 2° en ce qu'elle condamne Thibaut, Daucourt et Corbé à l'amende.

Qu'a fait Letierce ? Il a manifesté de bonne foi, une opinion, il a critiqué le préfet Talleyrand. Deux jours de prison et douze francs d'amende, cela c'est de la passion. Les beaux jours de 1815 renaîtraient-ils ? non, Messieurs, l'opinion est un droit mieux reconnu et le fanatisme politique n'est plus possible en France. La magistrature ne condamne pas les opinions.

Thibaut, Daucourt et Corbé ont été condamnés sans preuves aucunes par le juge-de-paix. Rien dans l'enquête ou dans leur interrogatoire n'a prouvé, n'a pu même faire présumer leur présence sur les lieux.

Daucourt et Corbé ont été arrêtés passant dans la rue St.-Nicolas dix minutes après la consommation du charivari. Pourquoi ? parce qu'un *seul individu* (ce que le procès-verbal appelle la *rumeur publique*) a dit au piquet de mineurs : « *En voilà de ces bonnets de coton, prenez-les.* » Si je dis que c'était un carliste, on me répondra que les bonnets de coton étaient *blancs*; cependant je ne sais pourquoi, mais j'ai peine à croire qu'il n'en rôdait aucun, rue St.-Nicolas.

C'est une calamité qu'en France on soit si jaloux de la liberté individuelle et en même tems si ignorant des cas exceptionnels qui en suspendent l'exercice. Il n'est pas jusqu'à un journaliste, personnellement très intéressé, qui n'ait erré sur ce point dans la cause actuelle.

L'emprisonnement de Daucourt et Corbé est un acte arbitraire, punissable, révoltant. En matière criminelle, l'incarcération préventive ne peut avoir lieu que pour *crime* ou *délit* : pour contravention, jamais, fut-elle flagrante. Toute loi contraire serait odieuse et digne des siècles de la féodalité. Qu'on lise les articles 40, 41 ; 91 ; 94, 96 et 106 du code d'instruction criminelle et qu'on réponde.

Ainsi, Messieurs, Daucourt et Corbé, dont l'innocence est d'ailleurs justifiée, tous deux pères de famille, ont été conduits en prison ! Ils y ont entendu battre toutes les heures d'une nuit d'esclavage qui nourrissait l'inquiétude chez leurs épouses et ils n'ont pas même commis une contravention !

M° Charles Ledru s'exprime en ces termes :

Messieurs ;

Les deux orateurs que vous avez entendus en faveur des inculpés, m'ont laissé peu de chose à dire. Le premier vous a démontré avec une conviction irrésistible que le charivari dénoncé, par une inconcevable méprise, comme injurieux à M. le baron de Talleyrand, n'était à vrai dire qu'une aubade trop sonore, improvisée en dehors des règles de l'art, dans un élan spontané de reconnaissance publique, pour célébrer les vertus civiles et militaires du personnage dont les habitans du Pas-de-Calais ont le bonheur d'être les administrés.

Le second, acceptant par hypothèse le charivari comme un fait, l'a soumis à une analyse scrupuleuse, et après en avoir judicieusement apprécié le caractère, il vous a prouvé que le droit public des Français qui autorise la critique des actes du pouvoir par la presse et tous autres moyens de publier ses opinions a, par cela même, livré les fonctionnaires en général et M. le préfet de ce département en particulier à un mode de censure peu doux à l'oreille, il est vrai, rude au contraire comme la voix austère du bon conseil, mais populaire et en cela parfaitement conforme à notre glorieuse monarchie, qui se proclame (comme chacun sait), la meilleure des républiques.

Pour moi, Messieurs, j'envisagerai la question sous un autre point de vue. Il prêtera moins, je l'avoue, à ces développemens pleins de charmes que vous avez trouvés dans les discours de mes deux confrères ; car c'est du droit, rien que du droit, que j'apporte dans la discussion.

Vous avez déjà pressenti ce que je viens plaider à cette barre. Oui, Messieurs, et je ne puis vous le taire plus long-tems, je viens, quoi qu'à regret, mais parce que la charte me l'ordonne, contrister cet auditoire qui se félicitait à si juste titre que dans un pareil procès les prévenus pussent s'en rapporter à une indépendance aussi pure que la vôtre et à des caractères aussi connus que ceux des membres de ce tribunal.

Je vous le dirai donc, Messieurs, vous n'êtes pas compétens pour absoudre nos cliens, et c'est un verdict du jury qui doit vous enlever l'honneur de proclamer leur innocence.

M. le juge-de-paix qui les a condamnés en première instance était incompétent *ad hoc*, comme vous l'êtes vous-mêmes pour satisfaire à la juste impatience que vous éprouvez de les acquitter en dernier ressort.

Voilà ma thèse.

Que nous soyons recevables à présenter une exception qui est d'ordre public *ratione materiæ*, c'est un point qui n'est pas douteux et sur lequel je n'insiste pas plus long-tems. Il y a plus, quand même aucun des prévenus n'eût fait valoir ce moyen, ce serait pour vous un devoir de vous soustraire d'*office* en tout état de cause à une attribution illégale de juridiction et de ne retenir l'affaire que pour annuler à cause d'excès de pouvoir la sentence du juge-de-paix, avec renvoi devant qui de droit.

Sommes-nous fondés ?

Avant d'aborder ce point, qu'il me soit permis de vous donner quelques renseignemens historiques sur le charivari.

C'était autrefois chose grave que tout ce qui se rapportait à ces exécutions symphoniques, dont l'origine se perd dans la nuit des tems. Je n'en veux d'autre preuve que la dissertation des auteurs sur l'étymologie du mot lui-même.

Que signifiait ce mot charivari ? voilà un point qui a presque autant occupé les savans que la question de savoir laquelle des villes de la Grèce avait donné le jour à Homère.

Selon Trippault (origines de la langue française) et M. Eveillon (livre des excommunications), charivari vient du mot grec *Karêbarein* qui signifie *rompre la tête*.

Savaron (c'était un grand homme!) improuve cette étymologie.

Selon lui, charivari vient de Cervolus : comme qui dirait, un petit cerf. Parce que les Payens, ajoute cet auteur, couronnaient de cornes de cerfs les divinités adultères : attribut dont les modernes ont décoré plus d'un front mortel.

Scaliger, Saumaise, Ducange ont chacun une explication différeute sur son origine.

Brodeau, avocat au parlement de Paris, auteur très renommé par sa coutume publiée en 1669, a voulu à son tour résoudre le problème et il a trouvé que charivari venait évidemment de deux mots grecs : *Karuon*, Noix; et *Barrahein*, danser, faire du train.

Tibi ducitur uxor
Sparge marite nuces.

En effet, dit-il, c'était une coutume chez les Romains de jeter des noix à la porte des jeunes mariées, *ut rapientibus pueris fiat strepitus, ne puellæ vox virgintatem deponentis, possit audiri.* « Pour que les sou- » pirs de la virginité expirante se perdissent dans le tumulte que fai- » saieut les enfans qui se les disputaient.» Un avocat de Nîmes, M. Gra- verol, a été tellement scandalisé de cette interprétation, que selon lui elle a fait perdre à Brodeau son titre de judicieux qu'on avait coutume de lui donner.

Sauval, qui cite ce docteur, le réfute à son tour quand il prétend que charivari vient de calybs, qui signifie fer, acier : car, remarque-t-il avec une haute raison, ce n'est pas avec du fer qu'on fait la batterie de cuisine.

Au reste, ce qu'il y a de plus remarquable dans toute sa dissertation est sa conclusion, qui sera aussi la mienne : « Il ne faut pas, dit-il, abuser davantage de la patience du lecteur, l'étymologie du mot charivari m'est tout-à-fait inconnue. »

Quoi qu'il en soit, Messieurs, l'opiniâtreté et la conscience de ces savantes recherches, vous démontre le rôle que jouait le charivari dans notre ancienne France.

On le donnait alors à des personnes bien plus importantes que les préfets et qui cependant n'avaient pas moyen de s'y soustraire.

Henri Sauval dans ses antiquités, ne nous laisse aucun doute à ce sujet.

« Il est, dit-il, d'usage en France, quelque dame ou fille de haut sei- » gneur que ce soit qui se marie, il convient qu'elle soit regardée et » avisée toute nue par les dames pour savoir si elle est propre et for- » mée pour porter enfans. »

« De plus : quand les veuves de la cour se remariaient, on leur fai- » sait des charivaris, ce qui est si vrai qu'à un charivari que Charles » VI fit à Paris en 1589, lorsque Catherine, en grande faveur auprès » de la reine, se remaria en quatrièmes noces, ce prince faillit être brû- » lé avec quatre autres. »

Ce qui relève encore son importance, Messieurs, c'est que les papes ne dédaignèrent pas de le frapper des foudres du Vatican.

Denisart rapporte que le concile de Tours a défendu le charivari sous peine d'excommunication.

Sauval cite ces paroles du premier concile d'Auxerre : *Non licet kalendis Januariis vetula aut cervolo facere;* » il est défendu de se déguiser aux calendes de janvier en vache ou en cerf, pour faire les charivaris. Et, en effet, c'était un grand crime, puisqu'un ancien pénitentiel considère cette plaisanterie comme une œuvre du démon. *Si quis, faciat,* dit-il, *tribus annis pœniteat quia hoc dœmonum est.*

Il est quelquefois si doux de se damner ! aussi le charivari fit-il une opposition constante aux bulles des papes et aux censures des docteurs.

Il ne fut vaincu que par les arrêts du parlement. Ceux de Toulouse, 18 janvier 1537 — 11 mars 1549 — 9 octobre 1549 — 6 février 1542 et mars 1551 et ceux de Dijon du 26 juin 1606 et 14 janvier 1640 sont surtout célèbres.

Ma loyauté me fait une loi d'avouer que la doctrine de ces arrêts est fondée, et j'adopterais volontiers l'opinion de Chassan sur la coutume de Bourgogne, (ad Rubric. tit. 6.) « nec credo quod consue- » tudine possunt excusari qui faciunt le charivari, *cùm sit contra bonos* » *mores.* »

En effet, il faut l'avouer, ce n'était pas chose extrêmement conforme à la décence dont se piquaient nos bons ayeux, que de venir au son des mirlitons demander à un vieil époux de quel droit il offrait sa couche à une jeune vierge. Pourvu que le marché convint à la mariée, le public n'avait pas besoin, pour me servir d'une expression triviale, d'y mêler sa musique.

D'ailleurs des abus vraiment blâmables avaient dénaturé la cérémonie. D'une espèce de carnaval, d'une folie autorisée en quelque sorte par la folie d'une union mal assortie, des artistes sans conscience, des charivaristes de contrebande, avaient fait une entreprise fiscale et une spéculation gastronomique. Souvent on avait vu ces audacieux musiciens exiger de ceux dont ils avaient troublé le sommeil qu'ils payassent *les violons* et qu'ils leur fissent des distributions de comestibles.

Merlin dans son répertoire au mot charivari, nous rapporte le plaidoyer du fameux Bouchin qui conclut à la nullité de la sentence de juges du ressort de Beaunes qui avaient condamné des nouveaux mariés à payer les frais d'un charivari.

La révolution que je sache n'a point vu de charivaris; ou du moins le genre s'était singulièrement modifié. Ce n'était pas encore le mode actuel. En ce tems là on avait à faire bien autre chose que de tympaniser les préfets. C'est à Rome, à Berlin, à Vienne, que la France allait donner des charivaris. Il n'y avait pas de réquisitoires contre cette musique avec accompagnement de coups de canon, et elle ne cessait qu'à certains intervalles où les rois de l'Europe se mettaient à genoux pour voir le St.-Père donner la bénédiction au chef d'orchestre.

Aujourd'hui c'est toute autre chose : nous ne sommes plus tout-à-fait au diapason de l'empire. Le charivari qui demande droit de cité s'intitule charivari de l'ordre légal.

Bien entendu, il n'est pas question de ressusciter le charivari de l'ancien régime contre les mariages bien ou mal confectionnés, (comme dirait M. le juge-de-paix.)

Le siècle est trop avancé pour cela. Il serait de mauvais goût en 1832 de rire des accidens qui arrivent dans les ménages civilisés et nos mœurs constitutionnelles répugnent à un usage que nous sommes réciproquement intéressés à proscrire.

Le charivari actuel, celui que nos mœurs autorisent, est essentiellement politique et ceci me ramène à mon sujet, savoir qu'un si grand criminel est un criminel d'état, et ne peut être jugé que par la cour d'assises.

Pour soutenir cette thèse, Me Ledru cite l'article 1er des dispositions transitoires de la charte de 1830, qui porte : que les chambres pourvoiront successivement :

« A l'application du jury aux délits de la presse et *aux délits politiques*. »

Ces mots et *aux délits politiques*, ne se trouvaient pas dans la proposition Bérard. Ils ont été ajoutés sur la proposition de M. de Podenas. M. Voisin de Gartempe s'opposait à l'addition par le motif qu'il n'y a de délits politiques que les délits de la presse. M. Podenas a insisté. N'y a-t-il pas, dit-il, les délits d'*injures*, d'*outrages*, les *cris séditieux* ?

Le loi spéciale du 8 octobre répète, art. 6 : « La connaissance des délits *politiques* est pareillement attribuée aux cours d'assises. »

Les articles suivans désignent quelques délits réputés délits politiques, mais c'est *exempli grátiá*. Ces articles sont démonstratifs et non limitatifs.

C'est ce qui a été formellement exprimé par MM. Siméon, rapporteur de la loi à la chambre des pairs, Decazes, etc.

« Celui, disait M. Siméon, qui frapperait, *outrageait* un pair, un
» député, un électeur, un écrivain, etc., en haine de leurs votes ou
» de leurs discours, commettrait un délit politique...Tout ce qui trou-
» ble la paix publique n'est pas essentiellement politique. Il peut le
» devenir cependant selon les *circonstances* des tems et des lieux.... »

M. de Broglie disait aussi : « Il y a deux sortes de délits auxquels
» on peut appliquer ce nom un peu vague et qui n'est pas du tout te-
» chnique, de délit polique : ceux politiques de leur nature, et ceux
» qui peuvent prendre des *circonstances*, de la position de leurs au-
» teurs un caractère politique. »

Qu'est-ce que le charivari de *Cujus* ?

On dit que c'est une injure au préfet, à un fonctionnaire public. Eh bien ! sous ce rapport le jury serait encore compétent, car il est compétent pour toutes les injures concernant un fonctionnaire public. La loi de 1819 lui en attribue la connaissance.

Mais une autre raison pour laquelle vous devez considérer le jury comme la seule juridiction qui peut connaître du fait incriminé ; c'est, je le répète, que le délit est politique.

En effet, allègue-t-on qu'un seul des charivaristes ait eu la pensée d'attaquer la vie privée de M. le baron de Talleyrand ? lui a-t-on disputé la qualité de bon père, de bon époux ? Non assurément ! la vie privée est murée, les inculpés le savent et ils ne sont pas capables d'aller de gaîté de cœur contrister l'intérieur d'une famille, que ce soit celle de M. de Talleyrand ou de tout autre citoyen.

Qu'on dise que des soirées musicales de cette espèce sont d'un mauvais exemple, que les charivaris menacent l'état si on n'y met bon

ordre : qu'on soutienne qu'il faut comme pour la répression des rassemblemens une loi qui punisse les réunions de sifflets, les attroupemens de casseroles, les émeutes de chaudrons, les insurrections de lèchefrites... Je le conçois. C'est le thème qu'on développait il n'y a pas long-tems encore contre la presse, et sous la restauration on traitait l'opposition en masse comme on traite aujourd'hui les charivaristes.

Mais ces déclamations politiques prouvent-elles autre chose si ce n'est qu'au fond, le charivari est la grande question politique du jour.

En effet que voit-on dans toute la France ? Une monomanie musicale semble s'être emparée partout des patriotes. Le *sage André*, le *modeste Parent*, le *noble Harispe*, ont reçu (comme dit M. Viennet), et cela sans respect pour la charte qui déclare leurs personnes inviolables, (y compris le Tympan), ont reçu, dis-je, chacun dans leurs départemens la *glorieuse injure* du charivari qui a porté sur eux sa *griffe*, sa *bave* et tout ce que vomit en ce genre la muse académicienne.

Il n'est pas un député de la phalange ministérielle qui ait échappé à ces démonstrations bruyantes de la sympathie populaire.

A Toulouse : c'est M. Amilhau qui est fêté par ses concitoyens avec un tel fracas que la Garonne effrayée sembla s'arrêter dans son cours majestueux. L'infortuné député des centres s'était réfugié à Lavaur pour se consoler de cette aubade diabolique.... vain espoir ! un charivari de village, plus sonore que le premier vient l'accueillir.... Le *Corsaire* dit même que le serpent de la paroisse (voyez le perfide !) se trouvait parmi les charivaristes.

Je ne vous raconterai pas l'Odyssée harmonieuse de M. Thiers cet hercule des centres, si bien tympanisé *dans la noble cité qui lui donna le jour*, puis à Marseille, puis à Toulon, et n'échappant qu'à peine à l'aide d'un excellent cheval aux artistes de Roquevaire pour tomber enfin à Brignolles dans une embuscade de chaudrons, d'où l'on vint le retirer par ordre du télégraphe.

Mais il est un noble champion du ministère dont je ne puis taire l'aventure. Il existe par la grâce de la révolution de 1830, un jeune député connu de toute la France à laquelle il se révéla dans une circonstance qui fait honneur à ce département, c'est M. Mahul. Athlète infatigable, c'est un homme dont la doctrine peut disposer à toute réquisition quand M. le comte Jaubert lui-même sent défaillir son dévouement officiel...... on lui dit : montez à la tribune, parlez, il y monte et parle ! Un jour donc, il s'agissait de la fameuse pétition de notre compatriote M. Souquet contre M. le baron de Talleyrand. M. le comte Jaubert avait fait ce célèbre rapport où il n'y avait pas un mot de vérité... M. Mahul prend à son tour la parole et d'un style d'Apocalypse il laisse tomber ces mots : « On attaque un » préfet, pensez-y bien, Messieurs, car en vérité je vous le dis, un » préfet c'est la chair de la chair, les os des os des ministres eux-mêmes. » La chambre crut à ces bibliques discours et la pétition fut rejetée.

Or, M. Mahul l'inspiré voulant se délasser de ses travaux apostoliques et parlementaires, s'était dirigé vers Carcassonne, sa patrie. Pour se dérober à l'enthousiasme de ses concitoyens, il s'y était introduit furtivement sous la conduite de M. le préfet (homme populaire aussi dans le pays). C'est l'heure de minuit, je pense, qu'à l'oxemple du rat de ville et de son compagnon, ils avaient choisi pour franchir les portes :

Urbis avontes
Mœnia nocturni subrepere.

Soins superflus ! M. Mahul n'est pas plutôt entré que tout le cuivre de Carcassonne s'ébranle : il ne peut faire un pas sans entendre son dur timbre.... et ton infortuné mandataire, ô France ! se trouve dans une situation plus désespérée que M. de Pourceaugnac poursuivi par l'instrument du juste-milieu. (Rire général.)

Si le délit des habitans de Carcassonne et du reste des charivaristes de France n'est pas *politique*, je vous le demande, Messieurs, y en eût-il jamais au monde.

Mais, si on se refuse à l'évidence des faits, consultons les autorités sur la matière. Que dit M. Viennet, le poëte du chaudron (ce qui ne veut pas dire le chaudron de poète) :

C'est ainsi que partout nous suivant de sa haine
L'*anarchie* aux abois contre nous se déchaîne.

L'anarchie, l'entendez-vous, Messieurs, c'est comme si on disait 93, les jacobins, les bonnets rouges.

Qui veut l'*ordre* et la *paix* doit subir la vengeance
De qui souffle la guerre et prêche la licence.

Voici l'ordre et la paix opposés aux principes démagogiques des casseroles,... Vous le voyez, c'est au soutien d'une thèse essentiellement politique que M. Viennet se dévoue.

Et qu'on ne dise pas que peut-être il avait examiné superficiellement le sujet, qu'il en parlait sans réflexion : car ce grand poëte apprend à la postérité que lui-même, lui ami si dévoué de la quasi-légitimité, a été quasi charivarisé.

Et sans respect enfin pour vingt académies,
On dit que dans Béziers dressant ses batteries,
Elle avait pour m'offrir son concert radical
Des cuisines déjà disposé l'arsenal.

Je crois avoir démontré par des exemples nationaux et par les auteurs les plus accrédités que le caractère général du charivari est politique.

D'ailleurs, aucune des tribulations que ce caractère lui assurait ne lui a manqué ! C'est sous le feu de la gendarmerie, sous la mitraille des réquisitoires qu'il se promène par toute la France au milieu des acclamations populaires ! Trop heureux s'il n'avait à affronter que les cachots, et s'il n'avait été dans sa destinée de subir les flagellations de la muse qui jusqu'à ce jour n'avait été trouvée bonne que pour fouetter les mules de don Miguel. (On rit.)

Ce n'est pas en France seulement que les hommes d'état, infidèles aux intérêts du pays, sont soumis à de pareilles aubades.

En Angleterre, cette terre classique de la liberté constitutionnelle et de la mauvaise musique, vous savez quels hourras se font entendre dans les *mettings* de la part de chaque parti opposé, contre les candidats à la députation qu'il repousse. Mais ce qui se passe aux *hustings*, n'est rien en comparaison de ce qui a lieu quand le membre de la chambre des communes revient après la session au milieu de ses commettans.

S'il a trahi les intérêts du peuple, il reçoit un charivari. La discordante musique se joue sur un instrument tiré de l'écriture sainte : c'est une *mâchoire d'âne* (on rit) sur laquelle on râcle avec des baguettes d'airain, et qu'on appelle *Mary-Bones-Clavers*, parce que c'est dans la paroisse de Mary-Bones qu'on a vu pour la première fois l'épée *de Samson* servir à cet usage.

La police de Londres ne s'est jamais ingérée de troubler les sérénades de ce genre que les hommes de l'opposition ont données aux députés ministériels. C'est que le gouvernement y respecte la liberté des opinions et que comme en résumé toute cette mélodie n'est qu'une manifestation d'*opinion*, elle doit être inviolable.

Et là cependant, il ne s'agit pas comme à Arras de soirées musicales de quelques minutes seulement; souvent les concerts populaires durent du matin au soir et toute la nuit. On cite même un charivari qui dura huit jours entiers, et qui peut-être durerait encore si un brave homme que cela ne regardait pas du tout mais qui n'avait pu fermer l'œil de toute la semaine, n'était venu demander grâce aux artistes.

C'est à Inverness en Ecosse qu'eut lieu la scène. M. Purnel, membre de la chambre des communes qui était le héros du charivari, s'était sauvé adroitement par une porte de derrière et s'était retiré à la campagne. Or, il est d'usage que le charivari dure jusqu'à ce que le charivarisé se présente pour se justifier devant le peuple. Les musiciens s'imaginant qu'il s'opiniâtrait à ne pas paraître parce qu'il espérait lasser leur patience, voulûrent être encore plus opiniâtres que lui, et je vous le répète la mâchoire d'âne faisait le service depuis huit jours quand le propriétaire de la maison, brave et honnête citoyen qui n'avait de goût ni pour la politique, ni pour la musique vînt donner une explication qui paralysa tout-à-coup les exécutans.

Les doctrinaires nous citent tous les jours l'Angleterre pour nous donner des leçons de gouvernement représentatif; vous voyez, Messieurs, qu'ils les oublient un peu quand ils proscrivent dans leur prose et dans leurs vers le charivari comme révolutionnaire et barbare.

Du moins, j'ose croire qu'ils ne voudront pas moins de liberté en France qu'à Constantinople. Là, je l'avoue, il n'y a pas de mauvais députés mais il y a quelquefois, comme ailleurs des administrateurs impopulaires. Eh bien ! lorsqu'ils ont assez long-tems opprimé les citoyens et que la patience du public est à bout, c'est par un charivari qu'on s'en débarrasse : alors, en effet, les Janissaires renversent leurs marmites.... et cette émeute de la batterie de cuisine est presque toujours le signal infaillible d'un changement de ministère.

Ne croyez pas, Messieurs, que ce soit là un conte fait à plaisir. Le fait est attesté par une foule d'autorités et entr'autres par un illustre doctrinaire qui l'a raconté à la tribune française.

En voilà assez et trop sans doute pour vous prouver d'abord que nous ne sommes pas une nation si barbare que voudraient le faire croire les journaux du ministère et ensuite, que sous une forme en apparence burlesque, les charivaristes peuvent s'occuper des grands, des véritables intérêts de l'état.

En fait, les prévenus ont-ils eu tort ont-ils eu raison, dans l'application d'un principe juste, d'une critique en soi légitime? C'est une question d'opinion et par conséquent une question de la compétence du jury.

Car, je le répète, la charte de 1830 a interdit désormais à la magistrature la connaissance de toute affaire ayant caractère politique.

Et ici, Messieurs, qu'il me soit permis sans sortir des convenances que tout m'impose, de vous rappeler qu'après juillet ça été une grave question que celle de savoir si les magistrats de la restauration seraient précipités de leur siéges comme elle l'avait été du trône. Il y eut divergence d'opinions. Celle de Lafayette et de Dupont de l'Eure fut en minorité. Mais il y eut unanimité sur ce point que la magistrature se renfermerait *uniquement* dans les affaires d'intérêt privé. MM. Dupin, Madier-Montjau, Villemain ne gagnèrent la cause des magistrats qu'en expliquant bien qu'il n'y avait pas d'inconvéniens à les conserver, parce que la politique et les questions qui s'y rattachent seraient complètement hors de leur domaine.

Voici les propres paroles de M. Villemain :

« Les tribunaux désormais seront *exclusivement* chargés des intérêts privés, des intérêts civils. Ils *sont étrangers à la politique*, du moins ils *doivent l'être* surtout quand vous aurez déclaré par plusieurs dispositions qui feront l'objet de votre examen *les délits politiques* et toutes les affaires de la presse *leur sera enlevé* pour être irrévocablement attribué au jury. »

Dirait-on qu'ici il s'agit de *contravention* politique?

Ce serait une simple dispute de mots sur un sujet trop grave pour comporter de pareilles arguties. Ce n'est pas la considération de la peine, mais le *caractère* du délit qui a déterminé le législateur de 1830 à ne pas vouloir qu'un délit d'opinion eût pour juges les *délégués d'un pouvoir vaincu*, ni même les délégués du pouvoir nouveau. La nation représentée par le jury est seule juge légitime et souveraine de ces questions.

Que si l'on argumentait sérieusement de cette expression *délit* pour l'opposer à celle *contravention*, je dirais que la loi d'octobre 1830 réfute elle-même cette argumentation purement littérale et puérile; car au nombre de ce qu'elle appelle *délits* politiques elle range une foule de *crimes* : tels que le crime de port d'armes contre la France, réunions de bandes armées, etc., etc., qui, selon le dictionnaire légal et rigoureux, ne sont pas non plus des *délits*.

De ces réflexions générales descendons aux applications, peut-on, de bonne foi, soutenir qu'il est raisonnable qu'un genre de délits qui est une sorte de siège musical dirigé par les batteries de cuisine de l'opposition contre le ministère, puisse être jugé avec quelqu'indépendance par un juge-de-paix?

En vérité, j'aimerais tout autant que les symphonistes fussent jugés par M. le baron de Talleyrand lui-même : je l'aimerais mieux, car, du moins, il pourrait y mettre une certaine générosité personnelle digne de *sa branche*.

Mais un juge-de-paix pour statuer sur un délit d'opinion? Qu'est-ce donc qu'un juge-de-paix? Y pense-t-on?

Je me représente ce magistrat, essentiellement amovible et révo-

able, comme l'être le plus pacifique (le mot l'emporte), le plus inof-
fensif de chaque arrondissement. Citations en conciliation, conseils de
famille, voilà qui est de sa compétence. Son rôle, c'est de ne prendre
parti pour personne, afin d'être bien avec tout le monde. Cet estima-
ble citoyen apposera, s'il le faut, les scellés d'une main ferme,
cela ne peut compromettre; c'est, au contraire, une garantie.
De même il jugera à merveille une question au *possessoire*; car, par
une attention vraiment délicate, la loi l'a chargé de donner droit *pro-
visoirement* au possesseur, c'est-à-dire, au plus fort. En un mot, calme
comme la conscience, mais prudent comme le sage de l'Écriture, un
juge-de-paix

> Craint tout et n'a pas d'autre crainte.   (On rit.)

Or, je le demande, n'y aurait-il pas de l'injustice, de la cruauté à le
charger de se prononcer entre l'autorité et les citoyens? S'il absout,
le voilà brouillé avec le préfet, le directeur des domaines, tout ce qui
s'ensuit.... S'il condamne, il se fâchera avec les mauvais sujets et
qui sait l'avenir?

Ne croyez pas pourtant que je veuille dépouiller la justice-de-paix
de toute attribution de police. Au contraire, les étalages, la propreté
des rues, les chiens errans, les boulettes empoisonnées,... voilà de
quoi exercer son zèle. Mais les boulettes des préfets, les brioches des
députés, les séditions de tourtière... tout cela, c'est de la politique.
Au nom du repos et de l'honneur de ce fonctionnaire, de grâce, Messieurs, dispensez-le de s'en occuper désormais et dispensez-nous de
lire sa prose sur de pareils sujets où sa tête se trouble et où sa raison
s'égare!

Parlons plus sérieusement, Messieurs, et la main sur la conscience,
de quoi s'agit-il dans cette affaire?

Les prévenus ont-ils eu l'intention de troubler la paix domestique
d'un citoyen? ont-ils voulu enlever à un homme privé son repos qui fait aussi partie de sa fortune, et qui est son bien le plus cher?
non, et personne ne l'ignore. Toute la scène du 26 février, si on l'e-
xamine de sang-froid, sans esprit de parti, d'un regard sévère, n'est
au fond que la manifestation de l'opinion contre le premier fonctionnaire du département, à l'occasion de sa conduite politique. Des citoyens se sont imaginés que la portion de la France dont l'adminis-
tration a été confiée à M. Talleyrand n'était pas une propriété dont
il pût disposer au gré de ses affections. Selon eux, le salut de leur
pays est compromis en ses mains, et ils l'ont exprimé dans un langage que l'autorité n'eût pas fait poursuivre s'il y avait au monde un
pouvoir assez sensé pour ne pas être blessé des vérités qui l'accusent
et dont il ferait bien mieux de profiter.

Lorsque les prévenus seront devant le jury et que leur conduite y sera
appréciée, ils diront si en qualité de patriotes ils doivent être bien ras-
surés; si le passé et le présent leur répondent suffisamment de la conduite à venir de M. de Talleyrand. Les circonstances sont graves,
Messieurs, elles sont effrayantes! Ils tremblent, ces braves gens, de
voir à la tête d'un département frontière l'homme qui ne sut se pu-
rifier du crime d'émigration armée, que par les flammes d'Orléans
et l'incendie expiatoire du drapeau tricolore.

Il s'est amendé peut-être? Non.

La révolution de 1850 s'était accomplie. Nommé préfet , il est à peine installé qu'il ne s'occupe que de persécutions et de dénonciations contre les patriotes..... C'est, dit-il , pour le maintien du nouvel ordre de choses.....

> Mais de quel droit vient-il toiser de haut en bas
> Ce soleil de juillet qui ne le connaît pas ?

M. le président indique par un signe à Me Ledru de rentrer dans la question *de droit.*

Me Ledru : Soit : je ne parlerai pas du passé. Mais le présent est-il pour nous une garantie ?

Il est une noble nation dont les débris ont été accueillis partout avec une sorte de vénération et de culte. L'arrivée de plusieurs de ces braves dans le Pas-de-Calais donnait à M. de Talleyrand une occasion de montrer qu'il était revenu à quelques-unes des sympathies françaises ; car jamais cause ne fut plus nationale en France que celle de la Pologne.

> Il n'est pas de chaumière en la plaine isolée,
> Qui n'ait sur son vieux mur quelqu'image collée,
> Peignant en traits naïfs la comtesse Plater
> Ou Poniatowski s'engouffrant dans l'Elster.

La sainte hospitalité vient partout au-devant de ces glorieux vaincus ; elle les convie à s'asseoir à notre table , car ce sont nos frères , nos familles sont leurs familles............ Non ! non ! répond M. de Talleyrand , pas de paix avec les amis de la liberté...... Et il faut que l'opinion publique proteste avec énergie pour que la police d'u préfet daigne rendre aux Polonais le passeport qui autorise leur pélérinage et absout l'hospitalité.

Voici les actes administratifs et politiques que les prévenus n'approuvent pas , contre lesquels ils n'ont pas trouvé une manifestation d'opinion assez bruyante.... Le jury, Messieurs, prononcera entr'eux et M. de Talleyrand , entre les patriotes de juillet et le héros d'Orléans !....

Un long murmure d'approbation succède à ce discours.

Quand le silence se rétablit M. de Waringhien prend la parole.

Après un exorde de quelques lignes tiré de la présence de deux défenseurs des prévenus, le procureur du roi cherche « si le désordre qui a eu lieu dans la soirée du 26 février, constitue un tapage nocturne et injurieux, troublant la tranquillité des habitans , contraventions prévues par les numéros 8 et 5 des articles 479 et 480 du code pénal , et en second lieu , dans le cas de solution affirmative de cette première question, si le jugement, dont est appel, doit être confirmé modifié , en ce qui concerne les peines prononcées contre les cinq appelans. »

Contrairement à l'opinion de Me Ledru , qui a plaidé que les délits politiques, et par conséquent le charivari , devaient être du ressort des cours d'assises, le ministère public établit: 1° que le jury doit connaître seulement des délits politiques et non des contraventions de cette nature, parmi lesquelles il classe le charivari; 2° que dans l'espèce, la contravention dont il s'agit, n'a pas de caractère politique.

M. Warenghein pense que la gravité de son ministère lui interdit de répondre au plaidoyer du premier défenseur, M° Dupont, rempli, dit-il, d'une foule de traits spirituels et piquans. Puis il arrive au premier point de son réquisitoire: le charivari du 26 février constitue-t-il un tapage 1° nocturne, 2° injurieux, 3° troublant la tranquillité publique.

Le ministère public distingue deux espèces de nuit: la nuit, comme la fixe la loi, qui commence à six heures du soir et finit à six heures du matin du 1er octobre au 1er avril, et qui, du 1er avril au 1er octobre, commence à neuf heures du soir et finit à quatre heures du matin, ainsi que le fixe l'article 1037 du code de procédure et du décret du 4 août 1806. Ensuite, la nuit, selon la jurisprudence, et telle que l'établit un arrêt de la cour de cassation du 12 février 1813, et qui est limitée par le lever et le coucher du soleil. Ce tems de nuit est celui qui s'applique aux crimes et aux délits, tels que vols, dévastations, etc.

Dans les deux hipothèses, les prévenus seraient coupables. Le procureur du roi ne comprend rien à la définition présentée par les défenseurs et disant que le tapage ne peut être qualifié de nocturne, qu'autant qu'il trouble la tranquillité et le sommeil des habitans. Il croit que cette définition ne peut soutenir l'examen. «Car, dit-il, le tems de la nuit deviendrait facultatif. D'après ce système, il pourrait faire jour dans la rue St.-Nicolas, à minuit en février, quand on donnerait un bal, et il ferait nuit dans la rue Ronville à neuf heures du soir, par cela seul qu'on se serait couché de bonne heure. Il serait jour et nuit dans le même moment et dans la même ville, tout cela, parce que les habitans d'une rue auraient commencé à mettre leur tête sur leurs oreillers un peu plus tôt que leurs concitoyens d'une autre rue.»

Sous le rapport de l'injure, le ministère public, après avoir distingué deux espèces de tapage, le simple et l'injurieux, établit que le charivari du 26 février doit être rangé dans cette dernière classe. En effet, il attaque la vie privée du sieur Talleyrand. Le sieur Talleyrand allait chez le sieur Hauteclocque, non point comme préfet, mais comme simple particulier. M. Wareinghien ne croit pas que la danse et le boston aient rien de politique. Que le charivari attaque le vote d'un député, il conçoit qu'il s'agit alors de la politique. Mais celui du 26 février n'a pas ce caractère; et n'eût-il attaqué que la vie administrative du sieur Talleyrand, la loi ne distingue pas entre la vie privée et la vie administrative, car, *ubi eadem ratio idem jus*.

M. le procureur du roi n'admet point que la sérénade soit ministérielle; et le charivari de l'opposition. Selon lui, il n'est permis à qui que ce soit d'aller outrager une personne qu'un autre complimente. Et puis, il peut résulter qu'à un charivari on réponde par un charivari, et ainsi de suite. Et peut-être ce débat de casseroles et de chaudrons pourrait donner lieu à une guerre civile. Le ministère public espère que le tribunal appréciera les effets désastreux qui résulteraient du charivari.

Sous le rapport de la tranquillité publique le procureur du roi dit que le charivari du 26 février l'a troublée : plusieurs individus sont accourus au bruit ; le conducteur Brassart, a sauté sur son siége ; donc la tranquillité publique a souffert du charivari, quoique personne n'ait porté plainte. Cette doctrine est soutenue par un arrêt de la cour de cassation, qui a puni les auteurs d'un charivari autorisé par le maire de la commune.

Le charivari du 26 février constitue tapage nocturne, injurieux, et désordre public.

M. Warenghein arrive à la culpabilité des prévenus et après quelques discussions, il croit que la peine prononcée contre les frères Letierce et Corbé doit être maintenue, mais il conclut au renvoi de toutes plaintes contre les sieurs Daucourt et Thibault dont la présence au charivari n'a pas été prouvée aux débats.

Après le réquisitoire de M. le procureur du roi, Me Dupont se lève pour répliquer.

Messieurs, dit-il, M. le procureur du roi n'a pas cru devoir répondre à ma première plaidoirie ; suivant lui, ce n'était qu'une ironie qui n'était pas susceptible d'être sérieusement réfutée. Il me permettra de ne pas être de son avis ; et de persister à croire que cette plaidoirie contient une argumentation sérieuse, que sa logique, toute puissante qu'elle est, n'a pu ébranler. Il me semble en effet impossible de ne pas reconnaître que des instrumens de musique, quels qu'ils soient, ne peuvent prouver à eux seuls le délit charivarique ; il me semble également impossible que les sons discordans, que ces instrumens rendraient sous la main des artistes, puissent prouver autre chose qu'une grande inhabilité musicale, à moins qu'on ne démontre par d'autres preuves l'intention charivarique. Dès lors toute question de charivari se réduit à une question d'intention ; il faut que le juge puisse, je le répète, sonder la pensée d'une casserole et la conscience d'un chaudron.

Ainsi, Messieurs, ma première plaidoirie reste avec toute la force de la théorie musicale que je vous ai développée.

Mais comme le ministère public a fui le terrein où j'avais placé la question, comme il s'est borné à examiner la légalité du charivari, à insister sur son caractère nocturne et anti-politique, je me vois forcé, sous peine d'être accusé de fuir le combat, de le suivre dans le champ clos où il a voulu nous attirer.

Il ne suffit pas, Messieurs, à un avocat d'avoir le droit en sa faveur, il faut aussi que la cause qu'il défend soit empreinte d'un caractère de raison et de moralité ; et je me demande à moi-même : les citoyens de l'opposition ont-ils raison de donner des charivaris à tous les hommes politiques du juste-milieu ? Je suis homme de parti, je suis politiquement l'ennemi des quasi-légitimistes, dès lors je suis incompétent pour résoudre impartialement la question. Mais je consulte le poète du juste-milieu, M. Viennet; et M. Viennet me répond par un vers qui sauvera de l'oubli sa poésie ministérielle :.

Ils n'ont que trop raison de se moquer de nous.

(Rire général.)

Fort de l'aveu naïf et quasi-champêtre du chantre du brave Thiers, du sage André et du modeste Parent, persuadé désormais que j'ai pour moi le côté moral du procès, je plaide sans scrupule la légalité du charivari politique.

Mais le ministère public me force de m'arrêter un instant; selon lui, alors même que le charivari du 26 février serait une œuvre politique, il serait encore coupable parce qu'il fut une espèce de sabbat nocturne.

Vous connaissez, Messieurs, les argumens du ministère public: un charivari est nocturne dès qu'il est donné dans cet espace de tems que la loi a déclaré nuit légale. Pour vous prouver que c'est la présomption de la nuit légale qui doit s'appliquer à la cause, M. le procureur du roi nous cite les voleurs que l'on punit plus sévèrement lorsqu'ils ont exercé leur profession dans l'espace de tems déclaré nuit de par la loi.

Il me semble, Messieurs, que toute cette argumentation n'est basée que sur une confusion d'idées, sur la confusion de la nuit légale et de la nuit politique, de la nuit légale et de la nuit charivarique.

Si les voleurs sont punis plus sévèrement lorsqu'ils volent dans le tems de la nuit légale, ce n'est pas que les citoyens soient légalement présumés dormir dès sept heures du soir; mais c'est que la surveillance réciproque que les citoyens exercent les uns au profit des autres pendant le jour, cesse avec la nuit, c'est-à-dire à la chûte du jour; alors que tous les citoyens vaquent à leurs occupations, l'utile espionage qu'ils exercent réciproquement à l'avantage commun, est encore facilité par la lumière du jour; mais dès que la nuit a chassé la lumière, le voleur n'a plus à craindre les regards de la cité; la nuit aide à ses desseins, et la loi est obligée d'arrêter sa mauvaise pensée par une pénalité plus forte.

Mais la nuit légale, la nuit des voleurs, n'est pas la nuit politique. Il n'y a nuit, politiquement parlant, qu'au moment où l'heure du repos a sonné pour la cité. C'est au moment où les citoyens, d'après les *us et coutumes* du sommeil local, sont sur le point de s'endormir, que commence cette véritable nuit dont il est défendu avec raison de troubler la tranquillité. S'il n'en était pas ainsi, dès le moment de la nuit légale, les joueurs d'orgues et les chanteurs devraient donc cesser cette musique harmonieuse qui charme les soirées d'une foule de nos concitoyens. Si ces artistes ambulans se faisaient entendre au moment où il n'est plus permis d'arrêter un citoyen pour dettes, soutiendra-t-on qu'ils devraient être traduits en police municipale comme tapageurs nocturnes... Mais réfléchissez-y bien; dans un pays un peu musical une pareille interprétation de la loi ferait soulever les populations.

Mais il était neuf heures au moment où le concert charivarique s'est fait entendre...... La question n'est pas de savoir s'il était neuf heures, mais bien si les citoyens dormaient à cette heure dans la rue St.-Nicolas. Tout me porte à croire que la population était encore parfaitement éveillée. La fête brillante de M. de Hauteclocque avait excité les esprits; les équipages, les apprêts, les lampions et le tumulte d'une grande soirée avaient attiré l'attention des badauds politiques de la rue St.-Nicolas. Dans ce quartier il n'était donc pas nuit à neuf heures du soir, en ce sens que les habitans ne pensaient certainement pas encore à dormir...... Mais d'ailleurs est-ce que les habitans d'Arras ont l'habitude de se coucher à neuf heures ? Croyez-vous qu'ils se couchent avec le soleil, et à la même heure que leurs poules? (On rit.) Soutenir une pareille thèse, c'est injurier les habitans de cette ville, c'est leur dire qu'ils ne sont pas plus civilisés que ces paysans bas-bretons qui se couchent avec leurs bestiaux et à la même heure. Pauvres Bretons, qui ne s'endorment sitôt que parce que la misère leur interdit l'usage, non pas de la bougie, mais d'une mauvaise lampe..... Je le dis avec assurance, si M. le procureur du roi soumettait la question aux habitans d'Arras, si l'on en faisait une question de vote universel, je ne doute pas que tous les citoyens de cette ville ne protestent par un vote unanime contre la protection en quelque sorte injurieuse qui leur est offerte par le ministère public.

Je concevrais très bien la poursuite du ministère public, si des citoyens d'Arras s'étaient plaints que leur tranquillité nocturne eût été troublée. Mais nulle plainte ne s'est élevée. Ce n'est certainement pas MM. de Talleyrand et de Hauteclocque qui ont pu porter plainte d'un trouble apporté à leur sommeil. Ils étaient à une soirée brillante, et je pense qu'ils s'amusaient assez pour n'avoir pas besoin de dormir.

L'absence de plainte de la part des citoyens repousse invinciblement l'action du ministère public. A tous ses arrêts de cassation, j'oppose un arrêt de cassation qui me semble empreint d'une haute raison, et qui a jugé que le sommeil des citoyens ne peut se présumer à priori au nom de la loi :

La Cour :

» Vu l'art. 479, n° 8. Code pén.
» Attendu pour qu'il y ait lieu à l'application de la peine prononcée » par cet article, il ne suffit pas qu'il y ait eu bruit ou tapage noc-

» rurnes; mais qu'il faut encore que ce bruit ait troublé la tranquillité
» des habitans;

» Attendu, en fait, que si un procès-verbal constate que le prévenu
» Berry était l'auteur d'un tapage nocturne *dans les rues de Toncy,*
» A ONZE HEURES DU SOIR, cet acte n'établit pas que la tranquillité
» des habitans ait été troublée, ni même qu'il y ait aucune plainte
» de leur part;

» D'où il résulte que le tribunal de police de Lagny, en se refusant
» à l'application de l'art. 479, n° 8, Code pén., s'est exactement con-
» formé à cet article, dans le dispositif de son jugement.

» Rejette le pourvoi. (Arrêt du 2 août 1828.)»

Mais le ministère public a surtout insisté sur l'épouvante que ce
charivari, véritable sabbat infernal, a dû jeter dans le cœur des
citoyens.... Messieurs, les nombreux citoyens qui ont tremblé au
bruit épouvantable du charivari, se réduisent en tout et pour tout
au sieur Brassart. Ce cocher, qui se trouvait dans la cour de M.
de Hauteclocque, a dit dans l'instruction orale que le bruit charivarique lui avait inspiré une si grande terreur qu'il avait sauté
spasmodiquement sur son siége... Mais qu'est-ce que cela prouve,
Messieurs ?... que les cochers légitimistes ne sont pas très courageux.... et voilà tout. (Rire général.)

Ainsi, Messieurs, la scène musicale du 26 février est complètement débarrassé du caractère nocturne que l'on a voulu lui im-
poser.

Mais cette question de nuit n'est pas la plus grave; ce que nous
voulons surtout faire consacrer c'est le droit, c'est la légalité du
charivari politique.

Ici le ministère public nous arrête encore. A la rigueur il pourrait ne pas contester la légalité de ces charivaris parlementaires;
que la reconnaissance nationale offre aux députés ministériels,
mais il conteste à notre charivari le caractère politique. Ce que
les artistes ont voulu blâmer, n'avait, selon lui, aucun caractère
politique, c'était un fait de la vie privée de MM. de Hauteclocque
et de Talleyrand. Que peut-on trouver de politique, s'est-il écrié,
dans une soirée, dans un boston, dans des contredanses ?

Un bal n'a rien de politique ! quelle erreur ! A-t-on oublié ces
bals du noble faubourg St.-Germain, où toutes les dames étaient
parées de ceintures vertes ? des nœuds blancs et verts se mariaient
politiquement à leur chevelure. La politique avait envahi la toi-
lette des plus jolies henriquinquistes; la politique avait présidé à
la coquetterie des plus belles aristocrates !

Le boston n'a rien de politique ! Dans un boston légitimiste
trouverez-vous des fiches blanches, rouges et bleues ? Non, non,
certes; ce serait une sorte d'assentiment tacite à notre système
tricolore de gouvernement.

Direz-vous aussi que les dîners n'ont pas un caractère profon-
dément politique; la politique des truffes n'est-elle plus à l'ordre

du jour? L'économie a-t-elle été poussée jusque-là? Non; dans certains palais on n'a pas encore oublié ces vers d'un poète éminemment orléaniste :

> Dans le siècle où nous sommes
> C'est avec des dîners qu'on gouverne les hommes! (On rit.)

Ainsi une soirée peut être un acte politique, légitimiste, orléaniste, juste-milieu, doctrinaire ou républicain ; il est indubitable aussi que la soirée du 26 février était une soirée éminemment politique; toute la ville d'Arras en a conçu cette opinion.

Dès lors notre charivari était un charivari politique, et la question n'est plus que de savoir si ce charivari était l'exercice d'un droit constitutionnel, ou bien un tapage injurieux.

Ma première plaidoirie, qu'on la regarde comme une ironie ou comme une défense consciencieuse, aura toujours eu ce résultat important de vous démontrer jusques à la dernière évidence, par des raisonnemens historiques et théoriques, que ni le choix des instrumens d'un orchestre, ni les sons discordans que des artistes peuvent en tirer, ne sauraient suffire pour établir judiciairement un fait d'injure ; qu'il fallait aller au delà et se rendre un compte exact des intentions des symphonistes.

Ainsi dans toute exécution musicale, la question morale, la question de culpabilité ou d'innocence se réduit à une question d'intention.

Mais l'intention des artistes qui ont pris part au concert du 26 février était-elle d'adresser une injure, un outrage à MM. Hauteclocque et Talleyrand? Évidemment non. Ce charivari n'était qu'un blâme, qu'une critique politique au sujet de l'alliance ou de la réconciliation de deux hommes politiques qui auraient dû rester chacun dans son camp et sous sa bannière. Ce n'était que la critique d'une sorte de félonie de M. Talleyrand !

Que nous ayons le droit de blâmer et de critiquer un acte politique de M. Talleyrand, personne ne le contestera. Mais on nous contestera le droit d'employer un mode de publication charivarique pour manifester extérieurement notre pensée.

Et sur quelle loi peut-on s'appuyer pour proscrire ainsi ce mode d'expression de la pensée politique. Moi, j'ouvre la charte: je ne vous dirai pas qu'elle doit être une vérité, c'est une plaisanterie usée et l'on prendrait encore mes paroles pour une amère ironie; mais enfin j'ouvre la charte, et j'y lis que les Français ont le droit de *publier* et *d'imprimer* leurs opinions; ces termes prouvent à eux seuls que le mode de publication de la pensée française ne se borne pas légalement à la presse; et que la charte reconnaît encore tous les autres modes de publication qui peuvent servir à l'expression d'un sentiment ou d'une pensée ; donc la charte ne proscrit pas et même elle accepte le mode de publication charivarique.

Si vous doutez encore que la musique ne soit un moyen d'exprimer une opinion politique, c'est le gouvernement lui-même qui va vous convaincre. Expliquez-moi pourquoi nos préfets de juillet défendent aux orchestres de presque tous les départemens d'exécuter l'air de la *Marseillaise*. Cet air cache donc une pensée politique, hostile au ministère, puisque le ministère la proscrit! La musique est donc un mode de publier une opinion.

Concevez-vous, Messieurs, qu'une pensée que l'on pourrait écrire innocemment dans un journal, on ne puisse la dire en musique, sans commettre un délit! Autrefois, sous le régime du droit divin, il y avait un axiôme politique respecté même des parlemens; cet axiôme, le voici : ce que l'on ne peut écrire, on le chante. Depuis la révolution de juillet il semble qu'il faille retourner l'axiôme et dire : ce que vous ne pouvez chanter, écrivez-le, imprimez-le. Je croyais que la révolution de juillet en nous donnant la liberté de la presse ne nous avait pas ravi la liberté de la musique.

Mais, dit-on, on pouvait exprimer son opinion en musique, quand la presse n'était pas libre; aujourd'hui la liberté de la presse doit suffire aux citoyens.

D'abord je ne sais pas jusques à quel point la presse est libre : la liberté de la presse est, *en fait*, une grande question pour moi ; mais enfin admettons, *en droit*, que la presse soit libre ; tout le monde peut-il en user? tout le monde sait-il écrire, et surtout écrire assez bien pour lutter de style et d'élégance avec le journal d'une préfecture? Tout le monde a-t-il les moyens pécuniaires pour publier sa pensée? Il y a-t-il des journaux dans toutes les localités? Dans les villages où l'on ne parle que patois, voulez-vous que l'on écrive des journaux en patois?

Vous le voyez, Messieurs, le mode de publication de la pensée par la voie de la presse n'est pas à l'usage de tout le monde ! et cependant l'homme pauvre, le paysan, l'homme qui ne sait pas écrire, éprouve aussi de ces sentimens d'amour et de haine politique qu'il sent l'impérieux besoin de manifester. Parce qu'un paysan ne saurait pas élever une voix éloquente en faveur de la Pologne, ni flétrir par des discours académiques les lâches qui l'ont abandonnée, croyez-vous qu'il ne sente pas aussi vivement que l'homme le plus habile, et qu'il n'ait pas aussi ses mépris à exprimer? La noblesse et la générosité des sentimens n'est pas aristocrate, elle est plébéienne ; elles doivent avoir le droit de se publier à la face du pays. Le chaudron est une presse populaire, le charivari est une tribune plébéienne.

Le ministère et tous les députés ministériels sont si intéressés à proscrire le charivari, qu'ils se battent les flancs pour inventer des objections nouvelles en prose et en vers. Ne nous a-t-on pas parlé aussi du moyen âge? ne nous a-t-on pas demandé si nous vou-

lions ressusciter la barbarie?,... Puisque M. le procureur du roi
a parlé du moyen âge, c'est dans le moyen âge que j'irai chercher les termes d'une comparaison qui légitimera le charivari,
et vous forcera de le placer au rang des plus précieuses conquêtes
de la civilisation politique.

Avant l'invention des armes à feu, il fallait dix ans pour former
un homme d'armes. Le chevalier bardé de fer, monté sur un
cheval bardé de fer, bravait impunément le vilain exposé sans
défense aux coups des nobles lances. Mais les armes à feu sont
venues égaliser les forces. Le vilain, avec un méchant fusil, s'est
mis à démonter les plus vigoureux chevaliers. Vous savez que Bayard
maudissait l'invention de la poudre, et méprisait du plus profond
de son ame l'emploi de ces armes qui permettraient à un vilain
d'abattre de loin l'homme d'armes qu'il n'aurait pas seulement
osé regarder de près.

Le charivari, Messieurs, est pour les chevaliers du ministère ce
que l'arme à feu était pour les chevaliers du moyen-âge. Il égalise
les forces. Aussi les hommes d'armes du juste-milieu en ont une
peur effroyable et le maudissent. Allez, messieurs les orateurs, tra-
vaillez, devenez habiles à faire de beaux discours pour les vendre
plus cher, parlez pendant quatre heures sur la question extérieu-
re,... le peuple vous répondra par des charivaris; il tuera vos argumens sophistiques de la tribune avec sa musique de carre-
four. Oui, le charivari est une conquête de la civilisation, il per-
met à l'honnête homme du peuple de confondre le sophiste ven-
du; il égalise les forces intellectuelles, il abat l'aristocratie de
l'exorde ou de la péroraison, il abat la féodalité du bavardage
parlementaire.

Encore une objection, et une objection grave. Si le charivari
n'est qu'une manière de critiquer ou de blâmer, bientôt l'on don-
nera des charivaris à la personne du roi... Non, Messieurs, non;
Le charivari est trop constitutionnel pour cela; il sait que la personne du roi est inviolable, il la respectera. Il est d'ailleurs un
mode encore plus simple de donner des charivaris aux rois constitutionnels; on se tait sur leur passage; on ne fait plus attention
à leurs parapluies, ni à leurs chapeaux. Le silence des peuples est
le charivari des rois. (Rire général.)

Ainsi, Messieurs, disparaissent toutes les objections légales,
politiques ou morales que l'intérêt ministériel avait soulevées contre l'un de nos droits constitutionnels, contre le droit du charivari. Toutefois je ne peux me dissimuler que ces sortes d'aubades
doivent déplaire très fort à Messieurs du juste-milieu, et je ne
saurais terminer ma plaidoirie sans leur donner quelques moyens
d'éviter les charivaris. Le plus simple de ces moyens est de faire ce
que M. Viennet a fait, c'est de ne pas retourner dans son département. Un second moyen plus patriotique, ce serait de s'amender,

et de devenir plus homme du peuple, de penser comme le peuple, de soutenir les intérêts du peuple. Enfin quand on veut rester ministériel, et qu'on veut cependant revoir son département, le seul moyen d'éviter un second charivari ; c'est de savoir supporter le premier. (On rit.) Je connais un exemple frappant de cette dernière vérité et je vous demande la permission de le citer.

Un général, commandant la garnison d'une ville de la Bretagne, apprit que ses opinions ministérielles lui avaient mérité les honneurs d'un charivari qui lui serait donné tel jour et à telle heure. Que fait-il? Il ne se fâche pas, il ne met pas la garnison sur pied, il n'ouvre pas tous les yeux de la police. Mais il va chercher tous les tambours, cymbales, triangles, et grosses caisses de ses régimens ; il les cache dans sa maison, et attend patiemment l'artillerie charivarique des assaillans. Bientôt l'armée ennemie paraît ; au moment où elle va commencer son feu inharmonique, le général commande une sortie contre les assiégeans. Il fait ouvrir toutes les portes et les fenêtres de sa maison et sort à la tête de toute son artillerie musicale. Il espère à force de bruit étourdir ses ennemis et les faire fuir. Mais il s'était trompé. L'artillerie des assaillans était des mieux montées et des mieux servies, elle soutint le choc avec courage, bientôt elle couvrit le bruit de l'artillerie de la place et la força au silence. Le général s'avoua vaincu, il capitula de bonne grâce. Mais un vaincu n'est plus un ennemi, les deux partis firent un traité de paix et l'on ne dit pas jusqu'ici que les protocoles de cette conférence aient été violés. (Rire général dans l'auditoire. Les juges et le procureur du roi partagent l'hilarité du public. M⁰ Dupont ne peut lui-même conserver plus long-tems son sérieux.)

A l'audience du vendredi 1ᵉʳ juin, le tribunal a rendu le jugement suivant :

« Considérant que les caractères de contravention reconnus et constatés par le juge-de-paix prouvent tout évidemment que la cause était de la compétance.

» Considérant qu'alors il ne s'agit plus que d'examiner s'il y a lieu de confirmer ou d'infirmer le jugement sous le rapport des condamnations qu'il prononçait.

« Considérant qu'il est résulté de l'instruction faite par M. le juge-de-paix et des débats, qu'il n'existe contre les sieurs Thibaut et Daucourt, aucune charge qui puisse servir de base à une condamnation contre eux, soit comme auteurs, soit comme comme complices du tapage dont il s'agit.

» Considérant que la condamnation prononcée contre les sieurs Corbet et Letierce cadet, se trouve justifiée par les charges qui pèsent sur eux, et qui ont été vérifiées.

» Considérant que s'il a été également prouvé que le sieur Letierce aîné, est auteur du même tapage, il n'y a pas lieu à son égard à l'application de l'article 480 du code pénal.

» Reçoit Thibaut et Daucourt appelans du jugement dont il s'agit, faisant droit sur ledit appel, émendant, décharge les appelans de condamnations prononcées contre eux, et les renvoye de l'assignation.

» Déclare les sieurs Corbet et Letierce cadet non recevables et mal fondés dans leur appel, dit qu'en ce qui concerne ce dont appel, sortira son plein et entier effet.

» Reçoit le sieur Letierce aîné appelant, faisant droit sur son appel, émendant, vu l'ar. 479 du code pénal, ainsi conçu : Condamne Letierce aîné en 15 fr. d'amende.

» Condamne Letierce aîné, Corbé et Letierce cadet, solidairement aux frais. »

NOTA. Comme il est de principe consacré par la Cour de Cassation que jamais en appel de jugement de simple police, la peine ne peut être aggravée, nous tirons du jugement sur appel, la conséquence que la condamnation solidaire aux frais ne s'applique qu'aux frais d'appel.

———————

Une souscription à 10 cent. a été ouverte dans les villes, bourgs et villages du Pas-de-Calais, pour payer les frais, dépens et amendes encourus par suite du brillant charivari donné à l'impopulaire préfet de ce département.

———————

BANQUET

PATRIOTIQUE ET POPULAIRE, DONNÉ AUX DÉFENSEURS DES CHARIVARISTES DU PRÉFET TALLEYRAND.

Le procès du charivari donné au baron de Talleyrand, a été l'occasion d'une fête dont Arras, n'avait eu qu'un seul exemple, lors de la célébration du premier anniversaire de juillet au tems du populaire M. Cahouet.

C'est lundi dernier, au sortir de l'audience de police correctionnelle, que cette fête fut donnée par 137 citoyens, à MM. Dupont, Ledru et Leduc, défenseurs des charivaristes de l'impopulaire préfet.

Dans le plus grand local d'Arras, au Café des Allées, se trouvaient réunis toutes les notabilités politiques, franchement patriotes, des diverses classes de la société : membres du conseil municipal et du barreau ; officiers de la garde nationale et jeunes et anciens militaires de l'armée ; chefs d'établissemens et industriels laborieux ; cultivateurs et artisans ; propriétaires amis du peuple que le travail a enrichis et prolétaires à l'âme forte dont les talens et le courage doivent affranchir un jour, qui n'est pas loin, de l'état d'ilotisme politique dans lequel le juste-milieu les a placés.

Le banquet a duré deux heures : l'esprit de fraternité

y présidait ; d'autres réjouissances ont complété la soirée ; les chants, les toasts ont été nombreux, et empreints de l'esprit de liberté ; voici les principales santés :

M. Clémendot, fabricant de sucre indigène :

» Aux patriotes purs : ils dédaignent les vaines clameurs des serviles et des stipendiés par un pouvoir jaloux de nos libertés ; ils rient des craintes des tièdes du juste-milieu ; et suivent avec fierté la bannière sous laquelle ils se sont pour toujours enrôlés. »

M. Martin (de Roclincourt), ex-capitaine du génie :

» Aux défenseurs des charivaristes. Ils sont venus dans nos murs défendre un principe de liberté... Espérons que bientôt ils consacreront, sur un plus grand théâtre, leur patriotisme et leur talent à la défense des intérêts généraux de la France ! »

M. Ledru, avocat du bareau de Paris :

« A l'union des patriotes d'Arras ! L'union fait la force : c'est aux associations de Manchester, de Birmingham et de celles des principales villes d'Angleterre, que le peuple anglais devra bientôt son triomphe sur les priviléges aristocratiques des vieux Torys. Amis des principes de la révolution de juillet, imitons cet exemple. Les dangers de la France font une loi à tous les patriotes de veiller *eux-mêmes* à son salut : tenons-nous donc sur nos gardes, et pour cela, Messieurs, unissons-nous. »

M. Roseau, négociant :

« A la Pologne ! pour l'honneur de la France dont les représentans ont dit : *Non, la Pologne ne périra pas*; buvons et espérons en la résurrection du peuple des héros. »

M. Frédéric Degeorge :

« Au peuple ! mais au peuple dans son intégralité ; sans exclusion de classe, sans préférence de caste ; à ce peuple héroïque qui sauva la France de l'invasion des rois au tems de la république ; à ce peuple courageux qui, sous l'empire, planta le drapeau tricolore sur les palais de tous les potentats ; à ce peuple enfin qui, las de la tyrannie, sut, en trois jours, renverser une monarchie de treize siècles ; et saurait encore, et saurait toujours sauver la liberté si quelque péril venait à menacer de nouveau cet idole des nobles cœurs et des grands courages. »

M. Dupont, avocat du barreau de Paris :

« Vous venez de porter un toast aux défenseurs des patriotes ; je n'en connais pas de plus digne et de plus dévoué que notre ami Degeorge, qui dirige le *Propagateur* avec tant de patriotisme et de talent. Je vous propose un toast à Degeorge. »

M. Merlan-Duhamel, membre du conseil municipal :

« A la garde nationale. »

M. Leduc, capitaine-rapporteur de la garde nationale.

« A l'armée ! L'armée a prouvé que les baïonnettes raisonnent, elle peut compter sur la garde nationale au moment du danger. »

M. Martin-Maillefer, rédacteur du *Libéral* de Douai :

« A la fédération des patriotes du Nord et du Pas-de-Calais. »

M. Ternan, officier de la garde nationale :

« Aux gardes nationaux, non pas à ceux qui prêtent l'appui de leur force à un ministère impopulaire, mais à ceux qui, comme les gardes nationaux de Grenoble, du Mans, de Marseille et de Perpignan, ont mieux aimé subir les outrages du pouvoir, que tourner les armes contre leurs concitoyens. »

Chacun de ces toasts a été suivi de plusieurs salves d'applaudissemens ; un véritable enthousiasme animait les citoyens réunis à cette fête civique, à laquelle assistaient quatre décorés de juillet, deux combattans de l'héroïque Pologne ; et qu'un poète artésien, M. Leroy, échauffait encore par de sublimes eu joyeux couplets. Voici une de ses chansons.

LES POLONAIS.

Air : *De la Colonne.*

Consolez-vous, héros de la Vistule,
Un beau renom illustre vos revers;
Votre courage aujourd'hui capitule,
Tombe, se rend, étonne l'univers....   (*bis*).
Mais en tombant, comme la foudre il gronde,
Comme elle un jour il peut se relever.
    Ecoutez, ce cri s'élever,
    Gloire ! au premier peuple du monde.   (*bis*).

L'Europe en vain à nos regards dérobe
De ses secrets la honte et le ressort;
Tout votre sang rejaillit sur sa robe,
Dont les lambeaux seront jetés au sort.   (*bis.*)
Nous l'accusons, il faut qu'elle réponde;
La perfidie a causé vos malheurs,
    Nous crions en versant des pleurs :
    Gloire ! au premier peuple du monde.   (*bis.*)

Nous l'excusons.... elle se tait confuse.
Elle est coupable, et craint votre bourreau;
De vous venger, oui, l'Europe refuse.
Son sabre dort rouillé dans son fourreau.   (*bis.*)

Sur une paix honteuse elle se fonde ;
Et la demande au barbare à genoux.
  Ah ! qu'elle répète avec nous :
  Gloire ! au premier peuple du monde. (*bis.*)

Le Russe a vu devant votre avant-garde ;
Vingt fois s'enfuir ses nombreux bataillons ;
Il est vainqueur maintenant qu'il regarde
Son sang impur fume dans vos sillons. (*bis*).
Son large flot les rougit, les inonde ;
Vous y trempiez vos lances et vos faux ,
  L'éclat de son triomphe est faux .
  Honte ! au dernier peuple du monde. (*bis*)

La trahison pris d'assaut Varsovie.
Le nom du traître est écrit sur ses tours.
Pour un peu d'or, qu'une ame basse envie,
On a livré l'aigle blanc aux vautours. (*bis.*)
Victoire ! alors dit le Bascir immonde ,
L'astre sanglant de la vengeance a lui.
  Le Russe a crié malgré lui :
  Gloire ! au premier peuple du monde. (*bis.*)

En Sibérie... Eh qui ! l'on vous exile
Dans ses déserts vous n'irez point mourir.
Venez chez nous, former un chant d'asile :
Le même pain , frères, nous doit nourrir. (*bis.*)
La liberté, cet arbre qu'on émonde,
Conserve encor pour vous quelques rameaux.
  Venez, lisez sur nos drapeaux :
  Gloire ! au premier peuple du monde. (*bis,*)

MM. Martin (de Roclincourt), industriel; Letierce aîné, commis-négociant; Jacquet, contre-maître de la fonderie Hallette; J. Degeorge, officier de la garde nationale; Caboche fils, maréchal-ferrant; Leroy, élève en médecine; Daudenarde, prote-imprimeur; Fauquet, propriétaire; Wattringue, industriel, commissaires de la fête de lundi, ont dignement rempli leur mission. Le jardin du Café des Allées et la salle étaient très bien décorés. Les armes du peuple parisien aux trois jours des combats et de la délivrance, s'élevaient majestueusement au milieu du salon, formées de pavées, de poutres, de drapeaux, de tonneaux, de voitures brisées, de fusils, enseignant à tous, que le peuple est fort quand il défend une cause sainte, qu'il est invincible quand il sait affronter la mort pour conquérir la liberté !

Arras. — G. SOUQUET, imp. du Propagateur.

48

www.ingramcontent.com/pod-product-compliance
Lightning Source LLC
Chambersburg PA
CBHW071431200326
41520CB00014B/3664